주변 학군부터 절세법까지 한 권에!

돈 버는 미국 부동산 투자

- 얼마가 있어야 미국에서 집을 살 수 있을까?
- 미국 부동산 세금, 어떻게 절세할 수 있을까?
- 뉴욕의 집값이 비싼 이유는?
- 미국에서도 대출을 갈아탈 수 있을까?
- 임대 vs 매매, 어느 쪽이 유리할까?
- 미국 부동산 세금의 종류는?
- 부동산 에이전트나 변호사가 꼭 필요할까?

PROLOGUE

미국 부동산 투자,
기회일까, 무모한 도전일까?

미국은 부동산 투자 환경이 가장 좋은 시장으로 평가된다. 흔히들 미국 부동산시장에 진입하려면 투자금으로 최소 100만 달러(약 13억 원)는 있어야 한다고 생각하지만, 우리나라와 마찬가지로 지역별로 편차가 매우 심해 30만 달러(약 4억 원)로도 충분히 좋은 매물을 찾을 수 있다. 또 외국인 투자자를 위해 외국인 담보대출 제도도 활성화돼 있어 자금 조달도 용이한 편이며, 미국 부동산시장은 시장 변동성도 적은 편이라 꾸준한 수익 창출을 기대할 수 있어 안전자산으로 인식되고 있다.

2024년 미국 부동산시장은 어떤 모습을 보이고, 투자자들은 어떻게 대응해야 할까? 2024년 2월 현재 미국의 주택 모기지 금리는 7%대이지만, 미국 연방준비제도(Fed)가 통화정책 기조 변화를 예고하고 있어 금리의 점진적 하락이 점쳐지는 상황이다. 이는 주택 매수 수요 개선, 인구 이동에 따른 수요 증가, 신규 주택 공급 확대 등으로 이어져 미국 내 부동산 매매도 점차 활기를 띨 것으로 기대되고 있다.

그런데 아직도 금리 수준은 높은 편이라 모기지 금리가 팬데믹 이전 수준인 2~3%대로 내려가기를 기다리는 투자자들도 적지 않다. 하지만 부동산 투자는 활황기가 오면 금세 정체 및 하락기에 접어들 수 있기 때문에 시장 상황을 보고 발 빠르게 투자를 하는 것이 더 지혜로운 선택일 수 있다.

by_**최여경** 셀레나이민 대표, **한아름** US TAX Service 대표 겸 미국 공인회계사

미국은 대부분 모기지론이 고정금리로, 대환대출 시 상대적으로 낮은 중도상환수수료가 있다는 점이 특징이다. 즉 미국 모기지론은 대부분 20~30년 고정금리이기에 금리가 올라도 부동산 매수에 대한 부담이 상대적으로 덜한 편이라는 의미다. 가격 상승이 기대되는 시점에 부동산을 매수한 후 금리가 낮아지는 시점에 대환대출을 하면 되는 식이다.

현재 미국 부동산시장은 투자자 간 눈치 싸움의 장(場)이 펼쳐지고 있다고 해도 과언이 아니다. 언제 어떻게 진입하느냐에 따라 수익률이 크게 달라지는 시점에 와 있는 것이다. 이런 상황에서는 투자 전문가들의 역할이 어느 때보다 중요하다. 투자자들은 미국 부동산 투자 전문가들의 도움을 받아 미국의 경제 상황이라는 거시적 관점은 물론, 투자 금액별 수익 시나리오, 지역별 시장 전망, 그리고 경매나 플리핑 등 다양한 투자 방식까지 시장에 영향을 주는 모든 요소를 고려해 적합한 투자처를 선택해야 한다.

기준금리 하락 예상과 주택 가격 반등은 분명 투자자들에게는 긍정적 시그널임이 분명하다. 기회를 잡느냐 놓치느냐는 한순간의 선택에 달려 있다. 쏟아지는 정보의 바다에서 진주를 캐내는 노력 없이는 만족할 만한 선택으로 이어질 수 없다. 이 책이 미국 부동산 투자에 관심 있는 모든 사람에게 진주를 찾아줄 이정표가 될 수 있길 바란다.

CONTENTS

OPENING

06
❶ 미국 부동산 투자에 나서는
한국의 큰손

10
❷ MZ세대·직장인도 주목하는
미국 부동산

12
❸ 서브프라임모기지 사태를
이해해야 돈이 보인다!

16
❹ 팬데믹이 변화시킨
미국 부동산 트렌드

20
❺ 취향껏 골라보는
부동산 투자 도구

SECTION 1

INVESTMENT CONCEPT
단계별로 배우는
미국 부동산 투자

28
한국인이 선호하는
미국 부동산 형태

33
한눈에 파악하는
투자 절차와 대출 제도

40
좋은 매물을 보는 안목과
부동산 관리

45
한 번에 정리하는
미국 부동산 구매 비용

50
자산관리의 핵심,
미국 부동산 출구전략

52
SPECIAL GUIDE
3억 원으로 미국 집을
살 수 있을까?

 56
 96

SECTION 2
INVESTMENT SITE
한국인이 주목하는 투자 지역
뉴욕과 캘리포니아

NEW YORK

58
Q&A로 보는 뉴욕 부동산

64
왜 뉴욕 부동산에 투자해야 하는가?

71
뉴욕의 핫 플레이스
맨해튼·브루클린·퀸스

CALIFORNIA

76
Q&A로 보는 캘리포니아 부동산

80
왜 캘리포니아 부동산에
투자해야 하는가?

86
눈여겨봐야 할
캘리포니아부동산 투자 유망 도시

SECTION 3
U.S. TAX
미국 부동산 세금과
절세 전략

98
취득부터 처분까지
미국 부동산 주요 세금

110
미국 부동산 투자 시
놓쳐서는 안 될 신고 의무

113
미국 부동산 투자 절세 전략

120
SPECIAL Q&A
미국 회계사가 알려주는
부동산 세금 상식 Q&A

CLOSING

124
❶ 환율과 금리 변동으로 투자가
  망설여진다면?

126
❷ 무엇이 미국 부동산 가격에
  영향을 미치나?

132
❸ 4단계로 이해하는
  부동산시장 사이클

136
SPECIAL INDEX
미국 부동산 투자 파악에 좋은
경제지표

OPENING ──── 1

미국 부동산 투자에 나서는 한국의 큰손

부동산시장 관련 뉴스를 접하다 보면 유명 연예인들이 해외 부동산 투자로 큰 수익을 봤다는 소식을 종종 전해 듣는다. 부동산 트렌드를 알고 싶다면 연예인을 따라가라는 말도 있듯이 연예인들은 탄탄한 자금력과 남보다 한발 앞서 얻은 정보를 바탕으로 부동산 시장을 적극적으로 공략한다.

미국 부동산 투자로 큰 성공을 거둔 유명 연예인은 송혜교(맨해튼), 김태희와 비(어바인), 이수만(샌디에이고) 등 이름만 들어도 누구나 알 수 있는 사람들이다. 이들 외에도 상당히 많은 연예인이 해외 부동산 투자를 통해 큰 수익을 얻고 있다.

해외 부동산, 특히 미국 부동산 투자의 중심에는 유명 연예인뿐만 아니라 한국 투자계의 최고 큰손이라 불리는 국민연금공단을 비롯해 각 금융기관의 투자 운용사가 있다. 이들이 미국 부동산에 관심을 갖는 이유는 명백하다. 그만큼 투자처로서 가치가 높고 매력적이라는 의미일 것이다.

그런데 아무리 미국 부동산 투자에 매력적 요소가 많다고 하더라도 아무런 목적의식 없이 투자에 나서면 낭패를 보게 마련이다. 부동산 투자에 앞서 투자자들이 가장 먼저 염두에 둬야 할 점은 '왜 미국 부동산에 투자하려고 하는가'라는 목적이다. 어떤 사람은 높은 투자수익률을 보고, 어떤 사람은 은퇴 이후 해외에서 거주하기 위해, 어떤 사람은 자녀 교육이나 사업을 위해 등등 다양한 이유와 목적으로 부동산 투자에 나선다.

투자 목적에 따라 기대수익률도 다르고, 투자처도 달라질 수 있기에 목적에 맞는 적합한 투자를 해야 큰 손실을 보지 않는다. 그래서 이미 미국 부동산 투자에 나섰던 사람들은 하나같이 투자와 동시에 출구전략을 반드시 세워둬야 한다고 말한다. 투자는 시작만큼이나 종료가 중요하다. 투자할 부동산의 종류와 투자 기간을 미리 설정하고, 절세 계획 또한 꼼꼼히 세워둔다면 수익을 극대화할 수 있다. 이와 관련해서는 뒤에서 자세히 알아보자.

●● 큰손들이 몰리는 미국 부동산시장

개인이 미국 부동산시장에 진출하는 경우도 크게 늘고 있지만, 미국 부동산에 유입되는 투자금 대부분은 국민연금공단을 비롯한 금융기관이라고 할 수 있다. 이들의 자금 흐름을 보면 어떤 시장이 성장하고 있는지, 또는 투자처로서 어느 정도 가치가 있는지 가늠해볼 수 있다. 오프닝에서는 부동산 투자금의 흐름이라는 큰 틀에서 미국 부동산시장을 살펴보자.

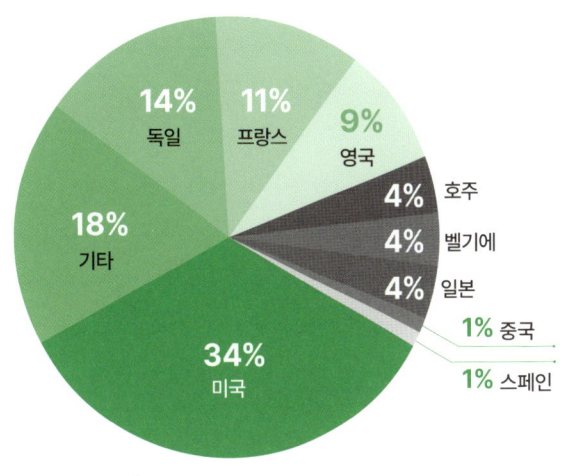

한국의 해외 부동산 투자 국가별 분포

- 14% 독일
- 11% 프랑스
- 9% 영국
- 4% 호주
- 4% 벨기에
- 4% 일본
- 1% 중국
- 1% 스페인
- 18% 기타
- 34% 미국

자료 Colliers International, RCA
(2015~2021년 3분기 기준)

최근 몇 년 동안 한국인의 해외 부동산 투자가 급증했다. 금융투자협회에 따르면 한국의 해외 부동산 투자는 2014년부터 본격적으로 시작해 그 투자액이 2015년 11조3,000억 원에서 2023년 55조8,000억 원으로 5배가량 증가했다.

초기 국내 연기금을 중심으로 확대되고 있던 해외 부동산 투자 활동은 보험사와 증권사들이 투자 기회를 엿보고 적극적으로 나서면서 꾸준히 투자금 증가세를 보이고 있다. 특히 국민연금공단은 전 세계적으로 자산을 확보해 운용하고 있으며, 2024년까지 전체 운용 기금의 50%를 부동산·주식·채권 등 해외 자산에 투자할 것으로 알려져 있다.

캐나다의 부동산 투자사 콜리어스 인터내셔널(Colliers International) 보고서에 따르면 주요 연기금과 공제회 등 한국의 국내 투자자들이 가장 선호하는 부동산 투자처는 미국이었다. 기관투자자들은 다른 나라보다 특히 미국 상용 부동산 투자에 공격적으로 열을 올리고 있다.

지난 2021년 한국 투자자가 투자한 10대 해외 부동산 중 8건이 모두 미국에 있는 자산이었다. 특히 국민연금공단은 투자 규모를 지속해서 확대하고 있으며, 이런 기조에 맞춰 많은 투자 주체가 앞으로도 미국 부동산에 관심을 집중할 것으로 예상한다. 그렇다면 한국의 미국 부동산 투자자들은 어떤 형태의 부동산을 선호할까? 코로나19 팬데믹의 영향으로 전자상거래가 확대됨에 따

미국 위스콘신주
먼로 카운티 토마의 월마트 물류센터.
ⓒ Jdforrester 위키미디어 커먼스

Student Housing
(스튜던트 하우징)
대학교 기숙사 등

Senior Housing
(시니어 하우징)
노인요양시설,
노인복지주택 등

라 물류센터에 대한 투자 규모가 크게 늘었다. 그런데 미국 부동산에 투자하는 기관투자자들이 가장 선호하는 부동산 형태는 오피스로, 2020년부터 2023년까지 50% 이상의 투자 비율을 차지했다. 2015년부터 2019년까지는 오피스가 73%로 절대적 인기 투자물이었지만 물류 자산에 밀려 50% 정도로 줄었고, 오피스 다음은 33%를 차지하는 물류 자산이 투자자들의 사랑을 받았다.

이와 더불어 주거용 부동산에 대한 관심도 꾸준히 증가하고 있다. 1인가구와 노령인구의 확대로 스튜던트 하우징, 시니어 하우징 등도 안정적인 운영 수익률을 제공하는 투자 섹터로 부각되고 있다.

●● **외국인의 미국 부동산 투자**

딜로이트 보고서에 따르면 코로나19 팬데믹으로 한동안 주춤했던 외국인들의 미국 부동산 투자가 2021년 하반기에 해외여행 제한이 풀리면서 반등했다. 그해 미국에서 해외투자자를 대상으로 한 부동산 매각 규모는 4억300만 달러(약 5,400억 원)에 달했다. 해외투

미국 캘리포니아주
단독주택
부동산을 탐방 중인
한국인 투자자들.

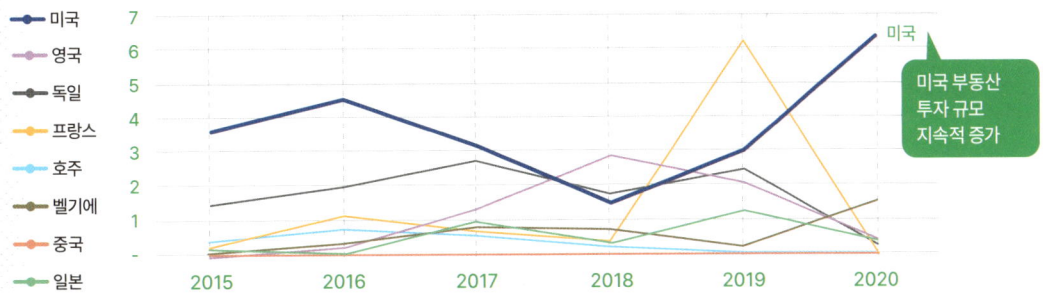

해외 부동산 투자 선호 지역

미국 / 영국 / 독일 / 프랑스 / 호주 / 벨기에 / 중국 / 일본

자료 Colliers International, RCA
단위 조 원

미국 부동산 투자 규모 지속적 증가

자자들을 출신 국가별로 살펴보면 미국과 국경을 접하고 있는 캐나다와 멕시코가 가장 많았고, 그다음은 중국이었다. 개인 해외투자자들이 가장 선호하는 매물은 단독주택이며, 해외투자자의 37%가 임대를 위한 부동산을 구입한 것으로 나타났다. 이는 미국 전역에서 임대주택의 임대료가 상승하고 있는 데 힘입은 것이다.

더불어 보고서에서 주목할 만한 내용은 한국인의 미국 상용 부동산 투자 규모다. 코로나19 팬데믹 기간에 외국인의 미국 부동산 투자 규모는 전반적으로 감소했는데, 한국만이 예외적으로 증가했다. 2022년 미국 상용 부동산에 유입된 한국 자본은 58억 달러(약 7조 7,500억 원)를 기록했다. 캐나다와 싱가포르에 이어 한국이 미국 상용 부동산에 가장 많이 투자한 나라인 것이다. 코로나19 팬데믹 이전에는 미국 부동산시장에서 캐나다와 중국이 최고 큰손이었는데, 현재는 중국 내 자금 통제로 미국 부동산시장에 유입되지 못한 중국 자본의 빈자리를 한국 자본이 채우고 있다.

전 세계적으로 극심한 인플레이션과 기준금리 상승, 그리고 여러 경제적 위기에도 불구하고 많은 투자자가 안전한 자산이라고 평가되는 미국 부동산시장을 여전히 주목하고 있다. 세계경제 위기라는 위험성은 도사리고 있지만, 안전한 실물자산을 모색하는 데는 미국 부동산시장이 여전히 유효하다고 투자 전문가들은 한목소리로 말하고 있다.

> "1인가구와 노령인구의 확대로 스튜던트 하우징, 시니어 하우징 등도 안정적인 운영 수익률을 제공하는 투자 섹터로 부각되고 있다."

OPENING ———— 2

MZ세대·직장인도
주목하는 미국 부동산

안전자산에 대한 사람들의 관심이 커지면서 미국 부동산시장 투자에 나서는 사람이 많아졌다. 2022년 미국 부동산에 투자한 국가를 보면 한국이 캐나다와 싱가포르에 이어 3위를 차지할 정도로 많은 사람이 미국 부동산시장에 진출하고 있으며, 코로나19 팬데믹 이후에는 투자 규모가 더 커졌다. 특히 변동성이 큰 주식시장이나 가상자산시장에서 벗어난 한국의 젊은 부자들과 여윳돈을 가진 일반인들이 미국 부동산시장에 더욱 적극적으로 뛰어들고 있다.

한국의 신흥 자산가들이 미국 부동산시장으로 눈을 돌리는 이유는 무엇일까? 여러 이유가 있겠지만, 일단 부동산 관련 세금 면에서 미국이 한국보다 매력적이기 때문이다. 세금 파트에서 자세히 언급했지만, 미국에는 한국에 있는 세금인 취득세·종합부동산세·중과세 제도가 없다. 이러한 세금은 한국에서 가격이 높은 부동산에 투자하려는 사람들에게는 큰 부담이 될 수밖에 없는데, 많은 투자자가 이러한 세금 제도를 피해 더 높은 수익을 얻기 위한 전략으로 미국 부동산시장을 선택하고 있는 것이다. 또 최근에는 핀테크 기술의 발달과 미국 부동산 거래를 중개하는 전문 기관들이 크게 늘어 투자자들이 어렵지 않게 미국 부동산시장에 진출할 수 있다는 점도 투자 장벽을 낮추는 데 일조하고 있다.

또 미국의 부동산시장은 한국보다 변동성이 낮아 안전자산으로 인식된다는 점도 큰 매력이다. 이 말은 예측 가능한 수익률이 실제 수익률과 큰 차이가 없다는 의미인데, 대출 규제나 정부의 부동산정책, 세금 제도 등 투자에 필수적으로 고려해야 할 외적 요소의 변동성이 낮아 리스크 관리가 쉽다.

물론 코로나19 시기 이후 대대적인 기준금리 인상을 두고 미국 부동산시장에 투자하는 것이

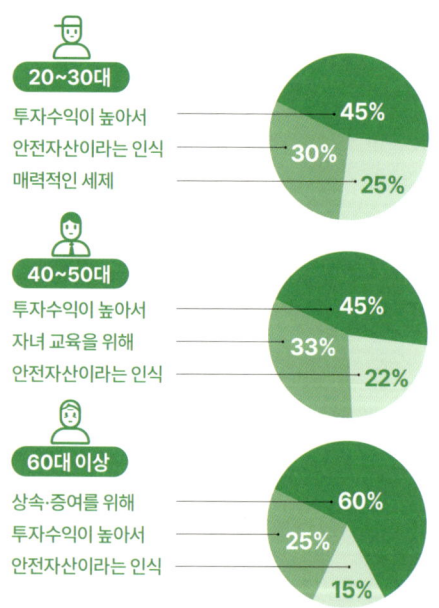

미국 부동산에 투자하려는 이유

20~30대
- 투자수익이 높아서 — 45%
- 안전자산이라는 인식 — 30%
- 매력적인 세제 — 25%

40~50대
- 투자수익이 높아서 — 45%
- 자녀 교육을 위해 — 33%
- 안전자산이라는 인식 — 22%

60대 이상
- 상속·증여를 위해 — 60%
- 투자수익이 높아서 — 25%
- 안전자산이라는 인식 — 15%

자료 셀레나이민, '2023 해외투자이민 포럼' 설문조사

위험하지 않느냐는 목소리가 나오고 있기도 하다. 그런데 이 말은 반은 맞고 반은 틀리다. 경기에 따라 자산 가격은 오를 수도 있고 낮아질 수도 있다. 부동산도 마찬가지다. 하지만 성급한 결론을 내리기 전에 세계경제의 중심지인 미국의 부동산시장 상황을 면밀히 살펴볼 필요가 있다. 미국 부동산은 역사적으로 보면 단순히 기준금리 변동이라는 요소보다는 수요와 공급의 영향을 더 크게 받아왔다. 당연히 지속되는 금리인상이 단기적으로 부동산시장에 찬물을 끼얹을 수는 있겠지만, 미국 부동산시장은 여전히 수요에 비해 공급이 현저하게 부족한 상황이기에 장기적 안목에서는 미국 부동산 투자가 유망하다고 할 수 있다.

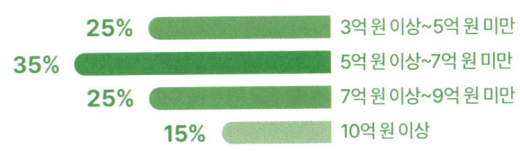

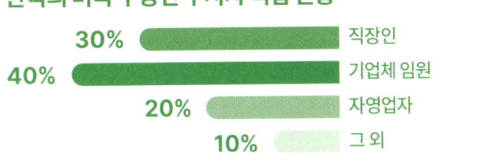

자료 셀레나이민, '2023 해외투자이민 포럼' 설문조사

특히 최근에는 그간 자산가 사이에서 이뤄지던 미국 부동산 투자가 청년·주부·직장인 등 일반인에게도 매력적인 투자로 인식되고 있다. 지난해 셀레나이민이 진행한 '2023 해외투자이민 포럼'에서 투자자 1,000명을 대상으로 설문조사한 결과 미국 부동산 투자에 나서는 사람들의 평균 자산은 약 5억 원으로 나타났다. 투자 주체도 기업인이나 전문 투자자뿐만 아니라 일반 투자자와 직장인 등 다양한 계층이 미국 부동산 투자에 관심을 보였다.

이렇게 미국 부동산 투자에 일반인이 적극적 관심을 보이는 이유는 한국의 경제 상황과 맞물려 있다. 코로나19 시기만 해도 국내 부동산시장과 주식시장은 큰 수익을 볼 수 있는 기회의 장이었는데, 최근에는 급속한 금리인상과 경기둔화로 투자 여력이 있는 사람들의 관심이 해외투자처로 몰렸기 때문이다.

일반 투자자의 미국 부동산 투자 진출은 신중하게 진행할 필요가 있다. 인터넷에서 유통되는 각종 부동산시장 정보를 보면 무조건 '위험하다' 또는 '좋다'라는 식으로 나와 있는데, 단순히 이러한 정보를 믿고 투자하는 것은 위험천만한 일이다. 투자자마다 상황과 생각이 다르기 때문에 현재 상황을 냉철하게 바라보고, 스스로 공부하고 판단을 내려야 한다. 그래야 실패하지 않는다.

OPENING ——— 3

서브프라임모기지 사태를
이해해야 돈이 보인다!

오늘날 미국 부동산시장을 제대로 이해하기 위해서는 미국 부동산시장에 역사적 획을 그었던 서브프라임모기지 사태(Subprime Mortgage Crisis)를 제대로 이해할 필요가 있다.

서브프라임모기지 사태는 2007년 미국에서 촉발한 금융위기다. 처음에는 미국 내 금융사들의 파산으로 그칠 줄 알았으나 세계적 신용경색을 가져왔고, 끝내는 실물경제에 악영향을 미쳤다. 이는 미국 내 경제뿐만 아니라 세계경제 시장에 타격을 주어 2008년 이후에는 세계 금융위기로 이어졌다.

한 나라의 부동산금융 문제가 전 세계로 확산되었다는 것은 우리에게 많은 것을 시사한다. 미국의 영향력과 경제적 파급력을 알 수 있는 대목이기도 하다. 서브프라임모기지 사태를 알아보면서 현재 확립된 미국 부동산시장과 부동산금융에 대해 이해해보자.

서브프라임모기지 사태 당시 집값 폭락으로 주택을 압류당한 사람들이 2009년 9월 28일 미국 로스앤젤레스 컨벤션센터에서 합동으로 주택대출 상담을 받고 있다.
ⓒ 연합뉴스

●● **서브프라임모기지 사태, 왜 발생했을까?**

서브프라임모기지 사태의 원인을 알기 위해서는 기본적인 미국의 주택담보대출 제도를 알아야 한다. 미국에서는 주택을 구매하려는 개인의 신용등급에 따라 대출을 크게 세 종류로 나누어 시행하고 있다. 신용등급이 높은 사람은 프라임, 낮으면 서브프라임, 그 중간은 얼터너티브-에이(Alternative-A: 이를 줄여 알트-에이라고도 한다) 모기지다. 물론 신용등급이 높을수록 혜택이 크다. 우대금리를 적용해 대출받을 수 있기 때문이다.

신용점수는 최저 300점에서 최고 850점까지로 구분하는데, 서브프라임모기지를 받는 사람은 대개 신용점수가 620점 미만인 경우다. 신용점수가 620점은 넘지만, 소득 증명이 불완전하거나 두 번째 주택을 구입한다면 알트-에이모기지에 해당한다.

정리하자면 서브프라임모기지는 소득이 불안정하더라도 주택을 담보로 대출해주는 금융 프로그램인데, 신용도가 낮기 때문에 프라임모기지에 적용하는 우대금리보다는 높은 금리를 적용한다.

사실 서브프라임모기지 사태의 발단은 2000년대 초반부터 시작됐다. 2000년대 초반 IT 버블 붕괴, 9·11테러사건, 아프간전쟁과 이라크전쟁 등으로 미국 경제 상황이 좋지 않자 미국은 경기부양책으로 초저금리정책을 펼쳤다. 당시 미국 부시 대통령은 내수경기를 부양하기 위해 금리를 대폭 인하하고 주택 구매를 권장했다. 이에 따라 주택 융자 금리가 인하되었고, 은행들은 개인에게 저금리로 주택담보대출을 시행했다. 자연스럽게 부동산 가격이 상승하기 시작했고, 이 과정에서 은행들은 더 많은 수익을 얻으려고 유동화전문회사에 주택저당담보채권을 판매하고 현금을 확보해 계속해서 개인에게 돈을 빌려주기 시작했다.

유동화전문회사도 추가 수익을 얻기 위해 리먼브라더스를 비롯한 투자은행에 채권을 판매하게 되는데, 이때 하나의 채권이 아닌 여러 개의 채권을 모아 MBS(Mortgage Backed Securities: 주택저당증권)라는 형태로 투자사에 채권을 판매했다. 당시 MBS는 여러 채권을 그루핑해서 판매했기에 안정성이 높다고 인식돼 수요가 급증했다.

그런데 여기서 은행들은 언제 터질지 모를 폭탄을 떠안게 되었다. 더 많은 대출을 위해 신용도가 높은 프라임 등급뿐만 아니라 서브프라임 등급에도 거의 제한 없이 돈을 빌려주며 주택저당담보채권을 발행했다. 물론 대출을 지속적으로 늘리는 은행들도 나름의 이유는 있었다. 주택담보대출인 서브프라임모기지의 대출금리보다 높은 상승률을 보이는 주택 가격 덕분에 파산하더라도 주택 가격이 상승해 대출금이 보전돼 금융회사가 손해를 보지 않는 구조였기 때문이다.

하지만 금융권이 안고 있던 폭탄은 기어이 터지고야 말았다. 2004년 미국이 저금리정책을 종료하면서 미국 부동산 버블이 꺼지기 시작한 것이다(당시 금리는 0.02%에서 순식간에 5%대로 상승했다). 금리가 상승하면 빚을 지고 있는 사람의 상환 부담이 커지고, 특히 신용도가 낮은 사람들의 연체율이 증가해 원리금을 제대로 갚지 못하는 상황이 벌어졌다.

연체율이 증가하면서 은행은 자금을 회수하지 못하고, 증권화돼 거래된 서브프라임모기지론을 구매한 금융기관들은 대출금 회수 불능 사태에 빠져 손실이 발생했으며, 그 과정에서 여러 기업이 부실화됐다. 동시에 시장에는 연체로 인한 부동산 매물이 쏟아져 나왔다. 부동산을 기초자산으로 한 MBS의 가치도 함께 폭락했다. 그리고 이러한 투자사 중 하나인 리먼브라더스도 파산하게 됐다.

●● 서브프라임모기지 사태가 남긴 것

서브프라임모기지 사태가 세계경제에 미친 파급력은 대단했다. 1차적으로는 서브프라임모기지 업체의 줄도산이 일어났고, 2차적으로는 서브프라임모기지 업체들이 고객에게 대출하면서 담보로 한 주택을 다시 담보로 해 채권을 발행했는데, 이러한 채권을 구입한 여러 기업이 큰 타격을 입었다.

이 사태의 영향은 일반 서민에게도 이어졌다. 수많은 기업이 타격을 받아 도산하면서 직장인들이 정리해고나 실직으로 내몰렸고, 집값 폭락으로 국가와 국민경제 전반에 악영향을 미쳤다. 이뿐만 아니라 굴지의 금융기관이 파산함으로

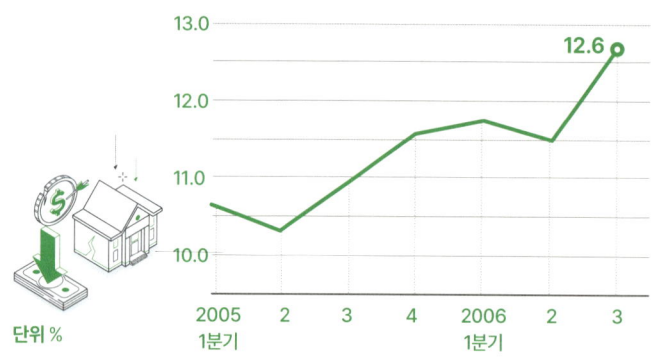

서브프라임모기지 연체율 (단위 %)

서브프라임 흐름도

2009년 12월 12일 뉴욕시 제이컵 재비츠 컨벤션센터에서 모기지 경감 조치를 받기 위해 줄지어 늘어선 집주인들.
ⓒ 연합뉴스

써 전 세계 증시가 일제히 폭락했으며, 미국과 긴밀한 관계에 있던 수많은 나라의 금융시장에 충격을 주고 대미 수출에 영향을 주며 세계 금융위기로 번졌다.

서브프라임모기지 사태는 개인의 대출 상환 능력 부족으로 일어난 사태라기보다는 금융업에 종사하는 사람들의 도덕적 해이로 인해 발생한 사건이라는 평가를 받는다. 빚을 상환할 능력이 안 되는 사람들을 대상으로 주택담보대출을 시행했고, 해당 주택을 기반으로 채권을 연쇄적으로 발행해 판매했다. 즉 위험성이 높은 금융자산이라고 인식하거나 안내하지 않았던 것이다.

물론 이 사태 이후 미국의 부동산금융은 더욱 체계적으로 관리되고 있으며, 외국 투자자들도 비교적 안정적인 사업에 투자하는 행태로 변화하게 하는 계기를 마련했다. 이처럼 경제에서는 어떤 작은 한 요소라도 제대로 작동하지 못하면 연쇄적 영향을 미칠 수 있다. 금리가 인상되고 부동산 거래가 정체되는 현재 시점에서 서브프라임모기지 사태를 되돌아보는 것은 현명하고 안전한 투자를 위한 의미 있는 일이라 생각한다.

OPENING ———— 4

팬데믹이 변화시킨
미국 부동산 트렌드

2020년 전 세계를 충격과 공포로 몰아넣었던 코로나19 팬데믹은 우리 삶의 모든 면에 변화를 가져왔다. 바이러스 확산에 따른 공포로 경제활동은 극도로 위축됐고, 특히 대면 중심의 상업 활동은 모조리 멈춘 것이나 마찬가지였다. 코로나19 시기에 대면 산업은 암흑의 길에 접어들었지만, 비대면 산업인 온라인 언택트(Untact) 비즈니스는 최대 호황을 누렸다. 집에서 편하게 누릴 수 있는 이커머스(E-commerce: 전자상거래) 산업과 콘텐츠 관련 산업의 성장은 단연 눈부셨다.

이와 더불어 주식시장과 부동산시장도 최대 호황기를 맞았다. 이 시기 세계의 대다수 국가는 경제를 살리기 위해 너나없이 돈을 찍어냈고, 시중에 넘쳐나는 돈은 부동산과 주식시장으로 몰려 사람들의 자산가치를 크게 부풀렸다. 한국의 경우 수도권뿐만 아니라 꽤 규모가 있는 지방 소도시의 아파트 가격이 10억 원이 넘는 경우가 부지기수였고, 이 같은 부동산을 소유한 자산가들의 자산은 팬데믹 시기에 크게 늘어났다.

포스트코로나 시기로 불리는 2024년 현재, 우리는 팬데믹 시절 이례적인 수준의 현금 유통에 대한 계산서를 받아들고 있다. 바로 급격한 인플레이션으로 인한 대대적인 금리인상이다. 기준금리 인상은 주택담보대출의 이자율을 높여 팬데믹 시기에 부동산을 구매한 사람들을 압박하고 있다. 자연스럽게 주택시장의 버블이 꺼지면서(혹은 거래절벽) 코로나19 시기에 하늘 높은 줄 모르고 뛰어올랐던 부동산시장에도 냉각기가 찾아왔다.

그렇다고 전 세계 모든 부동산시장의 버블이 붕괴된 것은 아니다. 어제의 100만 원과 오늘의 100만 원에 대한 가치가 다르듯 화폐가치는 하루가 다르게 변하고, 결국 장기적으로는 지속해서 하락할 것이 불 보듯 뻔하기에 경제적 마인드가 뛰어난 사람들은 여전히 실물자산인 부동산 투자 기회를 엿보고 있다.

특히 세계경제의 중심지인 미국의 부동산은 아직도 수요

롯데리아 홍대점 무인점포.

돈 버는 미국 부동산 투자 ———— 16

에 비해 공급이 현저히 부족하기에 투자가치가 높다고 볼 수 있다. 여기에 더해 코로나19 팬데믹 이후 부동산시장의 패러다임이 바뀌고 있어 일시적 시장가격의 등락 여부와 상관없이 장기적 안목에서 미국 부동산을 주목하고 있는 것이다.

지금과 같이 금융시장의 변동성이 큰 상황에서는 고민이 깊어질 수밖에 없다. 신규 투자와 기존 투자의 회수라는 갈림길에서 무엇을 선택할지 쉽게 판단을 내릴 수 없기 때문이다. 이럴 때일수록 '변화'라는 관점에서 접근해야 한다. 무엇이 어떻게 변했는지, 또 어떻게 변할 것인지를 이해하다 보면 앞으로 투자의 길도 열리기 마련이다. 불확실성이 커지는 시대, 하지만 여전히 투자가치가 높다고 평가되는 미국의 실물자산에 투자하려는 사람들은 어떤 변화를 주목해야 할까?

●● 코로나19가 불러온 주거용 부동산 트렌드의 변화

우선 코로나19 팬데믹 이후 주거용 부동산 트렌드에 주목할 필요가 있다. 이 같은 트렌드는 코로나19 시기에 재택근무나 주2일 근무제가 도입된 미국에서 두드러지게 나타난다. 도심의 높은 집값을 감당하기 힘든 젊은 부부들이 여유롭고 윤택한 삶을 누리기 위해 복잡한 도심지를 떠나고 있는 것이다. 사회적 거리 두기와 재택근무의 일상화로 도심지에 살던 사람들이 교외로 많이 이동했고, 특히 도심에서 그렇게 멀지 않은, 1~2시간 거리에 있는 전원주택단지를 선호하는 경향을 보였다.

코로나19 시기 집의 규모는 작은 평수보다 넓은 평수의 인기가 더 높았다. 집에서 업무를 보거나 편안하고 안락하게 쉬고 싶어 하는 사람들의 욕구로 테라스가 있는 대형 평수의 주거지 수요가 높아졌다.

그렇다고 모든 사람이 교외 지역의 주거지만 선호한 것은 아니다. 여전히 높은 임차료에도 도심에서 인프라를 누릴 수 있는 주택단지와 높은 교육 수준의 학군지는 인기가 식지 않았다. 다만 사이버 교육과 재택근무를 선호하는 사람들을 중심으로 자연 친화적인 주거 환경을 누리기 위해 교외의 타운하우스나 연립 전원주택의 수요가 늘어났다.

이런 주거지의 양극화 현상은 포스트코로나 시기에도 이

미국 뉴욕 일대의 신축 빌딩.

어졌고, 도심과 교외 지역의 중간에 위치한 주거지역의 투자가치는 이전보다 떨어졌다고 분석된다.

●● 주택 가격 부담은 임대주택 수요 증가로

주택 가격에 대한 부담은 한국뿐만 아니라 미국에서도 마찬가지다. 팬데믹 시기 전 세계의 부동산 가격이 일제히 급등한 상태에서 최근에는 금리가 6% 수준까지 상승해 주택 매수에 대한 부담이 높아졌다. 가구의 총소득 중 주택담보대출 원리금이 차지하는 비중이 40%를 넘어선 것만 봐도 당장은 주택 구매에 나서기 어려운 상황이다.

이처럼 높은 주택 가격 부담은 임대주택에 대한 수요로 이어졌다. 2022년 5월 미국 뉴욕시 중심부인 맨해튼의 주택 임대료(맨해튼 주택 월 임대료 평균치 5,000달러)가 역대 최고치를 경신한 것만 봐도 이러한 상황을 가늠해볼 수 있다. 물론 이 같은 임대료 상승은 팬데믹 초기 뉴욕시를 떠나 교외로 이동한 사람이 많아지며 급락했던 임대 가격이 포스트코로나 이후 일상 회복에 힘입어 임대료가 급등한 것이 가장 큰 요인이었다.

또 미국의 자가주택 소유율은 지난 2005년 69%를 찍은 이후 감소 추세에 있고 매년 100만 가구 이상이 새로 형성될 것으로 예상되고 있는데, 이들 중 상당수가 바로 주택을 구매하기보다는 임대주택 시장으로 진입할 것으로 예상한다. 현재 임대주택 공실률은 4%대로 역사상 가장 낮은 수준을 보이는데, 높은 임대주택 수요가 임대료를 유지 혹은 상승하는 방향으로 이끌 것으로 예상하고 있다.

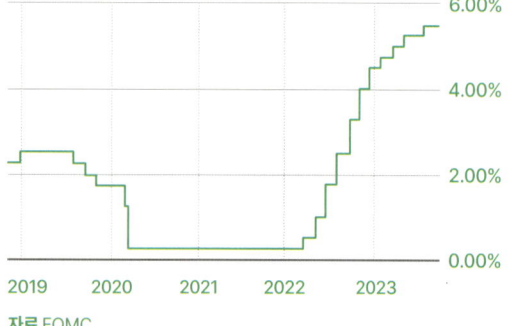

미국 기준금리 추이
자료 FOMC

●● 이커머스 산업의 성장과 공간 수요의 변화

코로나19로 인한 변화 중 가장 큰 변화를 꼽으라면 단연 전자상거래(이커머스)의 성장을 들 수 있다. 바이러스 확산으로 대면 활동이 어려워지면서 사람들은 집에서 손쉽게 제품이나 서비스를 구매할 수 있는 온라인 시장을 주목하게 되었고, 이런 변화는 이커머스 산업의 급격한 성장세로 이어졌다. 미국 내 이커머스 침투율은 지난

2009년 6%대에서 코로나19 시기인 2021년 20%를 넘어섰다.

이커머스의 성장은 공간 수요의 변화를 가져왔다. 전자상거래가 급격히 늘어나자 기업들은 제품을 보관하고 유통할 수 있는 물류 공간을 마련해야 했다. 이로 인해 당연히 창고를 비롯한 대형 물류 공간에 대한 임차 수요가 증가했다. 반면 일반 상점 등 전통적인 오프라인 매장에 대한 수요는 크게 줄었다. 대형 쇼핑센터의 공실률은 대체로 정체 상태이며, 단위면적당 임대수익은 낮은 수준의 증가세만 보였다. 반대로 미국 상위 50개 시장의 물류 자산 공실률은 2009년 15%에서 2021년 4%로 줄었고, 단위면적당 임대수익은 80% 정도 증가했다.

코로나19 시기 이후에도 이커머스 산업은 디지털화의 가속으로 지속해서 성장하고 있다. 미국 인구조사국에 따르면 2010년 약 390억 달러였던 미국의 전자상거래 매출은 연평균 15% 이상 늘고 있으며, 최근에는 2023년 3분기 기준 2,780억 달러 규모로 크게 성장했다.

●● 신축 오피스를 주목하는 투자자들

미국 내 오피스 투자를 긍정적으로 보지 않는 사람도 많다. 급격한 금리인상과 팬데믹 이후 재택근무의 확대, 그리고 IT 기업과 중국인의 철수로 오피스 투자에 대한 전망에 먹구름이 끼었기 때문이다. 실제 미국 내 오피스의 임차 수요도 상당히 감소한 것으로 나타났다. 미국 오피스 공실률은 팬데믹 직전 12%에서 2021년에는 17%까지 증가했고, 한 경제 연구소에 따르면 2029년까지 미국 오피스 시장 규모가 25% 감소할 것이라는 전망도 나오는 상황이다.

하지만 이런 어두운 상황이 모든 오피스에 해당하는 것은 아니다. 신축 오피스에 대한 임차인의 선호가 상당히 높은 편이기 때문이다. 문제는 수요가 줄어드는 낡은 B·C급 오피스에 있다. 물론 오피스 임대는 일반적으로 5~10년 등 장기 임차이기에 당장은 문제가 되지 않지만, 고금리로 리모델링을 위한 차입이 힘든 상황에서 낡은 오피스가 경쟁력이 떨어지는 것은 당연한 현상이다. 이처럼 오피스의 양극화는 앞으로도 계속 이어질 것으로 예상되고 있어 임대수익을 노리는 투자자들은 상대적으로 투자가치가 높은 신축 오피스에 주목할 필요가 있다.

미국 부동산, 어떤 매력이 있을까?

미국 부동산 투자가 매력적인 가장 큰 이유 중 하나는 바로 정부 규제가 없고, 안정적이라는 점이다. 대개 투자처를 찾는 다주택자는 세금과 수익을 이유로 미국 부동산에 투자하고 있는데, 다주택자가 아니더라도 어느 정도의 자금력과 정보 그리고 투자 목적이 분명하면 미국 부동산 투자는 매력적인 선택지가 될 수 있다.

다주택자도 자유로운 미국 부동산

우선 취득세와 종합부동산세가 없고, 주택 수에 따른 양도세 중과도 없다. 또 다주택자라고 해서 금융기관에서 대출받을 때 불이익 요소로 작용하지는 않는다. 한국에서는 주택 구매나 부동산 투자를 할 때 정부의 규제가 많아 다주택자에게는 불리한 여건인데, 미국 부동산 투자는 그런 점에서 매우 자유로운 편이다. 또 미국은 노후 주택이 많아 수요 대비 공급이 부족한 상황이다. 지난 몇 년간 부동산시장에서의 투기적 양상으로 부동산 가격이 상당히 많이 올랐지만, 공급 부족 현상은 여전해서 쉽게 버블이 붕괴되지 않을 것이라는 전망이 우세하다.
이 외에도 미국은 서브프라임모기지 사태 이후 철저하게 금융 관리를 하고 있으며, 안정화된 시장 여건으로 투자자 대비 실거주 수요가 많다는 점도 장점으로 꼽을 수 있다.

OPENING ── 5

취향껏 골라보는
부동산 투자 도구

일반적인 투자도 다양한 선택지가 있는 것과 같이 미국 부동산 투자 방법도 여러 가지가 있다. 미국 부동산 투자 도구를 제대로 이해하고 활용함으로써 투자자의 상황과 역량에 맞는 투자 방법을 모색해볼 수 있다. 대표적인 미국 부동산 투자 방법은 임대 부동산 매수와 관리, 부동산 투자 그룹(Real Estate Investment Groups, REIGs), 부동산투자신탁(Real Estate Investment Trusts, REITs), 플리핑(Flipping), 온라인 부동산 크라우드펀딩 플랫폼(On-line Real Estate Crowd Funding Platforms) 등이다. 각 투자 도구의 개념과 장단점을 살펴보자.

●● 임대 부동산

투자자가 부동산을 통해 소득을 발생시키는 가장 일반적인 방법이 바로 임대 부동산의 임대인이 되는 것이다. 개인투자자의 경우 임대 목적으로 구매하는 부동산의 종류는 주거 부동산인 단독주택(Single Family House), 다세대주택(Multi Family Home), 콘도

미국 캘리포니아주 터메큘라의 단독주택단지.

미니엄(Condominium), 별장(Vacation Home) 등 다양하다. 임대를 통해 고정 수입이 발생하고, 레버리지를 사용해 자본을 극대화할 수 있다. 또 미국의 임대 부동산 사업은 비용 처리할 수 있는 다양한 세금 혜택이 있다.

부동산 투자는 무엇보다 위치가 가장 중요하다. 임대 부동산의 경우 부동산이 위치한 지역의 치안, 대중교통수단, 인근 지역의 고용시장, 학군과 편의시설 및 환경 등을 고려해야 한다. 또 부동산 보유세의 부담도 계산해봐야 한다. 이에 대한 정보는 질로우(Zillow.com) 같은 부동산 플랫폼에서 쉽게 조사할 수 있으며, 콘도미니엄이나 별장 등의 단기 렌트로 임대업을 하고자 하면 에어비앤비(Airbnb.co.kr)의 임대료 자료도 도움이 된다.

Down Payment
(다운 페이먼트)
주택 구매 시 초기에 지불해야 할 금액. 다운 페이라고 부르기도 한다.

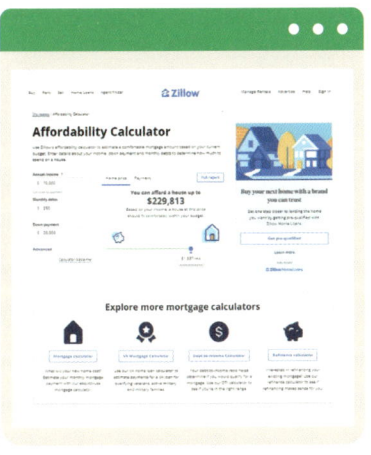

질로우 홈페이지 캡처

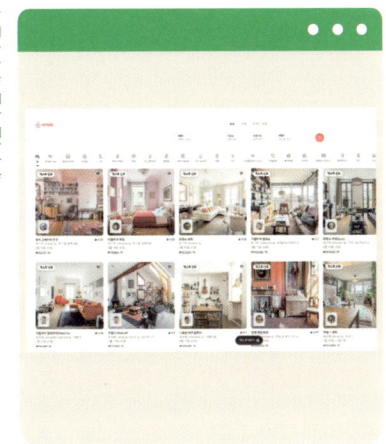

에어비앤비 홈페이지 캡처

(왼쪽)
미국 주택 매물 사이트인 질로우에서는 DTI, 월별 모기지 지불액, VA 대출 등의 계산기 서비스를 제공한다.
(오른쪽)
에어비앤비에 접속해 국가와 지역을 선택하면 숙소의 단기 렌트 시세를 알아볼 수 있다.

부동산을 매수하기 위해서는 목돈이 있어야 한다. 담보대출을 받더라도 해당 부동산 가격의 15~25%에 해당하는 다운 페이먼트(Down Payment)를 준비해야 한다. 미국에서 부동산 구입 시 대출 심사를 할 때 중요하게 고려할 사항은 크레디트 점수, 다운 페이먼트, 수입 대비 대출 비율(Debt-to-Income Ratio, DTI: 총부채상환비율) 그리고 현금자산 정도다. 우선 크레디트 점수가 최저 620점은 돼야 하며, 740점 이상인 경우 더 유리한 이자율이나 조건으로 대출을 받을 수 있다. 투자용 부동산은 거주용 부동산보다 높은 다운 페이먼트 비율이 요구된다. 보통 15~25%의 다

	임대 부동산	부동산 투자 그룹
장점	⊙ 고정 수입 발생 ⊙ 자산가치 상승 ⊙ 임대수익은 사회보장 보험, 세금 비과세 ⊙ 레버리지 사용을 통한 자본 증대 ⊙ 임대업 관련 풍부한 세금 혜택	⊙ 직접적 부동산 관리의 번거로움에서 해방 ⊙ 고정 수입 발생 ⊙ 자산가치 상승
단점	⊙ 투자 시 일정 목돈 필요 ⊙ 임차인에 의한 부동산 훼손 가능성 ⊙ 부동산과 임차인 관리에 시간과 비용 소요 ⊙ 공실일 경우 손실 리스크 ⊙ 낮은 현금 호환성 ⊙ 매수와 매도 시 다른 자산에 비해 많은 부대 비용 발생	⊙ 공실 리스크(투자자 소유의 유닛이 공실이 아니어도 손실 공유) ⊙ 뮤추얼펀드와 비슷한 관리비 발생 ⊙ 관리 부실 리스크

운 페이먼트를 준비해야 한다. DTI는 투자자의 수입 대비 대출 비율인데, 임대용 투자 부동산의 경우 예상 임대 수입의 75% 정도까지 투자자의 수입에 포함해서 계산해주기도 한다. 또 클로징 이후 3~6개월 동안 임대 수입이 없더라도 해당 부동산과 관련해서 발생하는 비용, 즉 모기지 페이먼트·보유세·보험료 등을 지불할 수 있는 재정적 능력이 있어야 한다.

직접 부동산을 관리한다면 임차인과 직접적 거래를 할 수도 있고, 임차인이 부동산을 훼손하는 경우도 있다. 지속적인 부동산의 보수 관리가 필요하기에 어느 정도 해당 분야의 지식과 능력을 갖춘 투자자에게 유리하다. 공실로 임차인이 없는 기간이 길어지거나 임차인이 임대료를 체납하는 경우에는 손실이 발생할 수 있다.

●● 부동산 투자 그룹

부동산 투자 그룹(REIGs)은 소규모 뮤추얼펀드와 비슷하다. 전형적인 부동산 투자 그룹은 개발사가 임대아파트나 콘도미니엄을 대량으로 구매하거나 건축해서 각 투자자들에게 그중 한 유닛 혹은

쇼핑몰 관련 기업에 임대해주는 쇼핑몰 특화 리츠주 사이먼 프로퍼티 그룹(Simon Property Group Inc).

그 이상의 유닛을 매도하지만, 해당 부동산의 임대에 대해서는 개발사가 관리하고 그 대신 임대료의 일정 비율을 관리비로 받는 구조다.

임대 부동산과 같은 투자 방식이지만 부동산을 직접 관리해야 하는 번거로움을 배제한 부동산 투자 방법이다. 부동산 투자에 따르는 고정 수입과 자산가치 상승이 장점이다. 투자자가 구매한 유닛의 소유주이므로 임대계약 시 임대인 항목에 투자자의 이름이 명기된다. 그리고 뮤추얼펀드의 관리비와 비슷한 개념의 비용을 지불한다. 예를 들어 모든 소유주가 관리비의 일부로 공실인 유닛의 손실에 대비한 예비금을 납부하게 되므로 본인의 유닛이 공실일 경우에도 약간의 수입이 발생할 수 있다. 그러나 관리 부실이나 공실률이 높아지는 상황에서는 손실을 피할 수 없다.

●● 부동산투자신탁

부동산투자신탁(REITs, 리츠)은 배당금을 받는 주식과 같은 개념이다. 이는 부동산 거래를 하지 않으면서도 자신의 투자 포트폴리오에 부동산을 포함할 수 있는 방법이다. 신탁회사에서 투자자들의 자금으로 부동산을 매수해 수입을 창출하는 구조로 운영한다.

리츠는 상장된 주식 거래와 마찬가지로 주요 증권 거래

◆ 경매와 플리핑

부동산 소유주가 대출이자를 납입하지 못하고 은행과 소유주의 합의가 이뤄지지 않은 상태에서 채무불이행이 될 경우 채권자가 부실자산을 처분하는 과정을 경매(Auction)라고 하는데, 투자자는 경매에 나온 매물을 구입하기까지 경매 매물 검토, 유치권 검토, 현장 답사, 매물 감정평가, 필요 서류 준비 과정을 거쳐 준비하면 된다.

경매는 시세보다 20~30% 낮은 가격으로 부동산을 구매한 뒤 부동산 가치를 높이는 리노베이션, 리모델링을 통해 시세보다 높은 가격으로 매도한다.

경매와 플리핑은 시세보다 낮은 가격에 부동산을 매입해 리모델링 등을 거쳐 되팔아 시세차익을 보는 것으로 투자 방식은 비슷하나, 플리핑은 경매를 포함한 어떤 물건이든 단기간에 시세차익을 보는 것을 말하고, 경매는 보유 기간에 상관없이 부실자산 처분 과정에서 나오는 물건을 대상으로 한다는 점에서 차이가 있다.

단기 보유 후 매도하는 플리핑(Flipping)

플리핑이란 시세차익을 목적으로 어떤 자산을 매입해 단기간 보유한 뒤 매도하는 행위인데, 부동산 투자에서는 낮은 가격에 부동산을 구매한 뒤 공사를 통해 보수하고 높은 가격으로 매도한다. 매물 상태에 따라 공사 비용은 상이하나 보통 매매금액의 10~15%를 공사 비용으로 책정한다.

> 성공적인 크라우드펀딩의 경우 2~20%까지 수익률을 올린 기록이 있으므로 이 투자 도구의 장점을 잘 살린다면 효과적인 부동산 투자가 될 수 있다.

처에서 거래된다. 리츠를 통해서는 개인투자자들이 직접 투자하는 경우가 적은 상용 부동산 투자가 손쉽게 가능해진다. 리츠는 투자자가 직접 부동산을 구매하는 것이 아니기 때문에 현금 호환성이 뛰어나다. 리츠는 크게 두 가지 종류가 있는데, 부동산을 소유하고 운영하는 에쿼티 리츠(Equity REITs)와 부동산 매수자에게 융자를 제공하고 부동산 담보 채권에 투자하는 모기지 리츠(Mortgage REITs)가 있다.

●● 플리핑

플리핑(Flipping)의 투자 방식은 시세보다 낮은 가격으로 부동산을 구매한 뒤 매수 가격보다 높은 금액에 해당 부동산을 매도해 수익을 창출한다. 플리핑은 전략적으로 접근한다면 단기투자로 부동산 수익률을 극대화할 수 있는 투자 방법이다. 미국 주택시장이 오름세를 유지하거나 회복하는 시기에는 시세보다 최대 30% 이상 저렴하게 구매해서 단기간 소유한 후 시장가격에 매각하거나 보수 및 증축 등으로 가치를 증대시켜 더 높은 수익률을 겨냥하는 경매와 플리핑 방식을 활용할 수 있는데, 이는 현재 미국 부동산 투자의 틈새시장으로 떠오르고 있다.

●● 온라인 부동산 크라우드펀딩 플랫폼

온라인 플랫폼을 통해 부동산 공동투자를 진행하는 방식으로, 크라우드펀딩의 일종이다. 투자자는 목돈을 들이지 않고도 다양한 부동산 투자 기회에 입문할 수 있다. 리스크 분배 측면에서도 20만 달러로 1개의 부동산에 투자하는 것보다 200만 달러로 10개의 부동산에 투자할 때 투자 위험이 분산되고, 수익률 면에서도 훨씬 유리하다. 펀딩의 종류에 따라 하나의 프로젝트에 투자할 수도 있고, 여러 개의 프로젝트로 구성된 포트폴리오에 투자할 수도 있다.

그러나 이 방식의 투자는 대개 최소 투자 금액과 수년간의 투자 기간을 정하고 있으며, 관리 비용을 지불해야 한다. 부동산 투자 방법 중 크라우드펀딩은 비교적 새로운 형태이기 때문에 투자자들에게 다른 방식에 비해 리스크가 높다고 인식되기도 한다. 또 크라우드펀딩을 통해 자금을 조달하려는 프로젝트의 경우

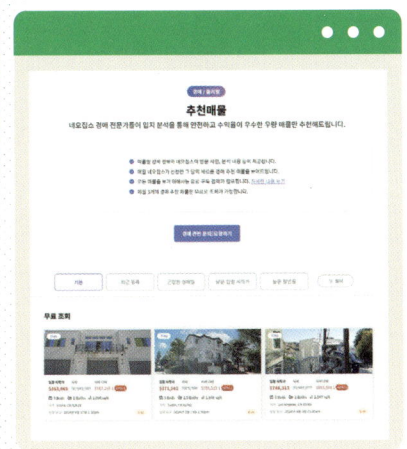
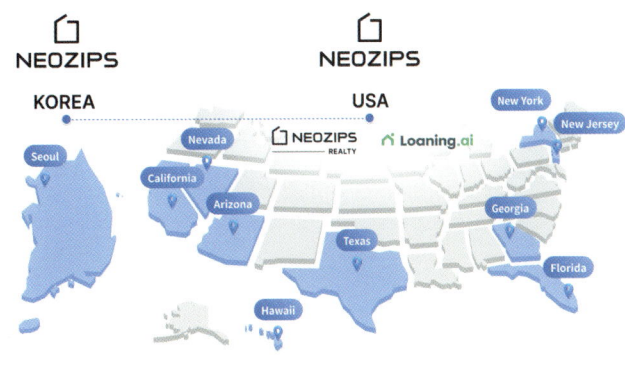

네오집스 같은 플랫폼을 활용하면 국내에서도
미국 부동산 플리핑이나 경매 등을 진행할 수 있다.

제1금융권과 같은 전통적 방식을 통한 자금 융통에 어려움을 겪는 프로젝트가 있을 수 있어 투자자의 세심한 주의가 요구된다. 그러나 성공적인 크라우드펀딩의 경우 2~20%까지 수익률을 올린 기록이 있으므로 이 투자 도구의 장점을 잘 살린다면 효과적인 부동산 투자가 될 수 있다.

	부동산투자신탁	플리핑	온라인 부동산 크라우드펀딩 플랫폼
장점	⊙ 사실상 배당이 있는 주식 ⊙ 높은 현금 호환성 ⊙ 실제 투자물이 부동산이므로 장기투자 ⊙ 현금 수입 창출 자산	⊙ 자본이 전통적 부동산 투자에 비해 단기간 투입 ⊙ 높은 수익률	⊙ 지역과 종류에 제한 없이 다양한 부동산에 투자할 기회 확대 ⊙ 감정가가 아닌 대출 원금에서 입찰 시작
단점	⊙ 전통적인 임대 부동산 투자와 달리 레버리지 사용 불가	⊙ 관련 전문 지식과 경험 필요 ⊙ 시장 변동에 민감	⊙ 일정 투자 기간 현금 유동성 없음 ⊙ 리스크가 높다는 인식 ⊙ 제1금융권과 같은 전통적 방식 자금 융통의 어려움

INVESTMENT CONCEPT

미국 부동산이 정말 한국보다 유리할까? 어떤 면에서, 왜 유리할까?
이번 섹션은 이제 막 걸음마를 뗀 미국 부동산 투자 초보자가 꼭 집중해야 할 내용을 담았다.
콘도미니엄, 아파트, 싱글 하우스 등 주택 형태와 같이 미국 부동산의 아주 기초적인
개념부터 실제로 미국 부동산 거래를 하기 위한 대출 제도와 투자 절차, 부동산 매입 후
관리 비용과 추후 매매 절차까지 꼼꼼하게 소개한다.

SECTION 1

> 알아두면 쓸모 있는
> 미국 부동산 용어

⊙ HOA
(Home Owner's Association)
한국의 입주자 대표 회의에 해당하는
입주자 공동 관리 회의.

⊙ HOA Fee
HOA에 매달 납부하는
공동 운영비 성격의 관리비.

⊙ 다운 페이먼트
(Down Payment)
집을 구매할 때 주택 구입 대금 중
은행 모기지 대출을 제외한 현금.

⊙ LLC
(Limited Liability Company)
유한책임회사.

⊙ 크레디트 점수
(Credit Score)
미국에서 사용하는 신용점수.

⊙ 모기지론
(Mortgage Loan)
부동산을 담보로 주택저당증권(MBS,
Mortgage Backed Securities)을
발행해 장기 주택자금을 대출해주는 제도.
- FRM(Fixed - Rate Mortgage):
  고정금리 모기지론.
- ARM(Adjustable - Rate Mortgage):
  변동금리 모기지론.

⊙ 리파이낸싱
(Refinancing)
재융자.

SECTION 1 — INVESTMENT

단계별로 배우는 미국 부동산 투자

 기초

한국인이 선호하는 미국 부동산 형태

미국 부동산 투자를 위해서는 우선 미국 부동산의 종류와 투자 절차를 명확하게 알고 있어야 한다. 시장 환경과 정책, 주거 문화가 다르기 때문에 기본에 소홀하면 목적과 다른 투자를 할 가능성이 있어 낭패를 볼 수도 있기 때문이다. 미국 부동산 투자 시 기본 중에서도 기초라고 할 수 있는 부동산의 유형과 투자 절차, 송금 등을 전반적으로 알아보겠다.

●● 다양한 미국 부동산의 종류

한국과 마찬가지로 미국에도 다양한 형태의 주택이 있다. 한국은 대개 아파트가 가장 보편적인 가정의 주거 공간이고, 미국은 싱글 하우스 형태가 가정용 주택으로 일반적이다. 미국 영화나 드라마에서 흔히 볼 수 있는, 마당과 차고가 있고 2층으로 이뤄진 독립된 집의 형태라고 할 수 있다. 투자를 위한 대표적인 미국 주택의 종류를 살펴보자.

콘도미니엄

한 세대가 개별 소유권을 지닌 한국의 아파트 형태를 미국에서는 콘도미니엄(Condominium)이라고 하며, 이를 줄여서 콘도(Condo)라고 한다. 건물에는 5개 이상의 독립된 유닛(세대)이 있고, 이 유닛이 하나의 독립된 세대라고 이해하면 된다. 건물 관리는 HOA(Home Owner's Association: 한국의 입주자 대표 회의에 해당하는 입주자 공동 관리 회의)에서 관리 업체를 선정해 관리 감독한다.

HOA는 관리 구역, 예를 들어 수영장이나 게이트 또는 각종 잔디밭이나 지붕 등을 관리하는 데 매달 납부하는 공동 운영비 성격의 HOA 피(Fee)를 예산으로 사용한다. 그리고 HOA는

1년에 한 번 예산 운영과 관련한 사항을 입주자들에게 공개하며, 필요에 따라서는 감사도 받는다.

콘도는 비교적 작은 면적에 다세대 형태로 건축이 가능하기에 개발업자들이 선호하는 투자 부동산의 형태다. 또 공동 관리비로 운영돼 아무래도 개개인이 지출하는 관리비보다는 저렴하게 관리가 가능하다는 장점이 있다. 그런데 콘도를 구입하는 경우 100% 다운 페이먼트(Down Payment: 집을 구매할 때 주택 구입 대금 중 은행 모기지 대출을 제외한 현금)를 하지 않으면 다른 모기지론보다 세심한 심사를 받게 된다. 은행에서는 다른 주택 형태보다 콘도 구매자의 재무 상태를 더 깐깐하게 점검한다는 의미다.

아파트

미국의 아파트(Apartment)는 한국의 아파트 개념과는 조금 다르다. 한국과 다르게 미국의 아파트는 오직 임대만을 목적으로 하는 임대 전문 주택을 말한다. 한 건물에 5개 이상의 독립된 유닛이 있는 것은 콘도와 같지만, 아파트는 개인이나 법인이 전체 건물을 소유하는 형태다.

아파트는 대부분 대도시를 중심으로 해당 유닛 수에 따라 주로 투자자들이 구입해서 임대수익을 목적으로 보유하게 되며, 대부분 장기 보유를 목적으로 하는 경우가 많다. 아파트 관리는 16유닛 이상인 경우 상주하는 관리인을 두어야 하고, 그보다 규모가 더 크다면 전문 관리 회사를 고용해 일정

↑ 콘도미니엄(Condominium).

↑ 아파트(Apartment).

SECTION ❶ INVESTMENT

> 우리나라 사람들에게 잘 알려진 캘리포니아주 어바인 지역은 깔끔하고 정돈된 형태의 타운하우스가 즐비하며, 높은 가격대로 형성돼 있다.

수수료를 지불하고 관리한다. 아무래도 아파트는 철저하게 수익 위주로 투자하는 사람들이 찾는 형태라고 생각하면 된다.

다세대주택: 멀티 유닛

멀티 유닛(Multi Unit)은 하나의 건물에 2~4개 세대가 함께 있다. 다세대주택이지만 건물 형태에 따라 각 세대가 독립된 거주 공간이 아닐 수 있다. 대개 화장실이나 주방 등을 공유하는 형태다. 유닛 개수에 따라 듀플렉스, 트리플렉스, 쿼드플렉스로 구분한다.

멀티 유닛 또한 아파트라고 부를 수 있지만, 미국에서 1~4유닛은 일반

↑ 다세대주택: 멀티 유닛(Multi Unit).

↑ 타운하우스(Townhouse).

주택과 비슷한 심사 기준을 가진 담보 대출이 가능하고, 대부분의 상업용은 5유닛부터 구분해서 별도의 다른 구입 융자 기준을 설정한다. 4유닛까지 주택용 모기지론을 받을 수 있기에 임대용 투자 매물을 찾는 사람에게 적합할 수 있다.

한인 타운을 포함해 주로 소수인종 밀집지대의 경우 주택 융자가 4유닛 구입까지는 쉬운 편이다. 멀티 유닛은 한 유닛에 주인이 거주하고 다른 유닛은 임대가 가능한 점 등의 이유로 선호되는 투자 형태다.

타운하우스

타운하우스(Townhouse)는 적어도 벽면 한쪽을 옆집과 공유하는 다층 구조의 집을 말한다. 콘도와 싱글 하우스의 중간 형태로 볼 수 있는데, 미국에서 타운하우스 지역은 처음부터 부유한 사람들이 사는 지역이었다.

가난한 사람들은 한 층에 세를 살거나 집주인이 소유한 타운하우스에서 방 몇 개를 빌려 살 뿐 타운하우스 전체를 소유하는 경우는 드물었다.

타운하우스는 인구밀도가 높은 지역에 적합한 주거 방식이지만, 잔디나 그 밖의 시설을 유지하기가 간편하다는 장점이 있어 오늘날에도 여전히 인기가 높다.

콘도에서 살다가 넘어오기 좋은, 싱글이나 아이가 없는 부부에게 최적의 주거 형태라고 할 수 있는데 입지에 따라 가격이 천차만별이다.

우리나라 사람들에게 잘 알려진 캘리포니아주 어바인(Irvine) 지역은 깔끔하고 정돈된 형태의 타운하우스가 즐비하며, 높은 가격대로 형성돼 있다. 타운하우스는 투자 목적보다는 거주 목적으로 구입하는 경우가 더 많다.

싱글 하우스

싱글 하우스(Single House)는 독립된 형태의 집으로 대부분 차고가 있으

↑ 싱글 하우스(Single House).

SECTION ❶ INVESTMENT

며, 집 앞뒤로 관리해야 하는 잔디도 있다. 동서남북으로 창문이 나 있어 채광은 어떤 주거 형태보다 좋은 편이다. 미국 중산층에 가장 보편적인 주거 형태라고 볼 수 있다.

싱글 하우스는 거주용과 투자용 모두 수요가 존재하고, 일반적으로 HOA가 없어 주인이 주택을 관리해야 한다. 타운하우스에 비해 자산가치 상승을 기대할 수 있으며, 층간소음으로부터 자유롭다. 하지만 구매 가격이 비싸고, 본인 소유의 집인 만큼 유지보수 비용 등을 주인이 부담해야 한다는 단점도 있다.

상업용 부동산

상업용 부동산은 주거용 부동산보다 수익성이 더 높지만, 투자하기에는 주거용보다 힘든 부분이 있다. 일반적으로 상가 부동산은 주차장 부지를 포함하고 있어 부동산 규모도 주거용보다 훨씬 크고, 건물의 유지보수나 관리 측면에서도 주택보다 신경 써야 할 부분이 많다.

상업용 부동산에 투자하기 위해서는 상권 분석을 철저히 해야 하고, 이러한 분석을 도와줄 믿을 만한 중개인을 만나는 것도 중요하다. 가격대는 50만 달러에서 수천만 달러에 이르기까지 규모와 입지 조건에 따라 다양하게 분포한다.

미국의 상업용 부동산은 사무실, 물류센터나 창고, 일반 상가, 쇼핑몰 등 한국의 상업용 부동산과 크게 다르지 않다.

↑ 사무실, 쇼핑몰 등 상업용 부동산이 밀집해 있는 뉴욕 타임스스퀘어 일대.

> 기본

한눈에 파악하는 투자 절차와 대출 제도

●● **미국 부동산 구매 절차**

미국에서 부동산을 구매할 때는 개인 투자나 법인 투자 형태로 진행하는데, 투자 목적으로 부동산을 구매할 때는 대개 법인 투자로 진행하는 경우가 많다. 유리한 점이 많기 때문이다. 투자지 선정부터 현지 은행 계좌 개설, 에스크로 클로징까지 미국에서 부동산을 구매하는 일반적인 절차를 정리해보자.

절차	내용
투자지 선정	개인 투자를 진행할 때 투자지는 연고가 있거나 잘 아는 지역을 선택하는 것이 좋다. 법인 투자를 진행한다면 우선 투자지에 LLC(Limited Liability Company: 유한책임회사)를 설립하고 절차를 진행해야 한다.
현지 은행 계좌 개설	미국에 직접 방문해 계좌를 개설해야 하는데, 현지 주소가 있어야 한다. 친척이 있으면 가장 좋고, 지인도 없다면 리얼터 주소로 개설하는 경우도 있다. LLC로 진행할 때는 POA(Power of Attorney)를 통해 현지 법무법인 등 대리인의 도움을 받아야 한다. POA는 공증 절차의 일종으로, 대리인 개념이라고 보면 된다.
송금	계좌를 개설하고 매물 형태를 정했다면 국내에서 해당 계좌로 송금할 수 있다. 다운 페이먼트 및 에스크로 진행 비용과 예비비 등 부동산 구매에 들어가는 모든 비용을 파악해 한 번에 송금하는 것이 좋다.
리얼터(Realtor) 선정과 사전 승인 (Pre-approval)	부동산중개인을 리얼터라고 한다. 참고로 미국 부동산은 매수인이나 임차인이 중개수수료를 지불하지 않고 매도인이 부담하는데, 요율이 5%로 꽤 높은 편이다. 리얼터 선정과 거의 동시에 사전 승인을 하게 되는데, 사전 승인은 구매하고자 하는 매물에 대해 어느 정도의 대출이 가능할지, 대출 조건은 어떻게 될지 미리 확인하는 절차다.

SECTION ❶   INVESTMENT

오퍼(Offer) 진행

물건은 소개받을 수도 있고, 질로우(Zillow)라는 웹사이트에서 찾아볼 수도 있다. 좋은 물건을 발견하면 리얼터에게 소개를 요청한다. 미국의 부동산 매매는 판매자가 적정 판매가를 제시하고, 구매자는 원하는 가격을 써서 내는 형식이다. 판매자가 구매자를 정하는데, 높은 가격과 좋은 조건을 제시한 사람에게 부동산을 팔게 된다.

카운터 오퍼 (Counter Offer)

대체로 판매자는 한 번에 구매자의 오퍼를 받아들이지 않는다. 카운터 오퍼라고 해서 좋은 조건을 제시한 구매자를 몇몇 추려서 경쟁하게 한다. 더 높은 가격에 더 좋은 조건을 제시하라는 식이다.

계약 및 에스크로 (Escrow) 오픈

오퍼가 수락되면 에스크로가 시작된다. 미국은 매도인 통장으로 계약금을 직접 입금하지 않고 에스크로라고 하는 대행사를 통해 진행하므로 매우 안전하다고 할 수 있다. 대행사는 에스크로 오픈부터 클로징까지 주관하며, 모든 절차가 마무리될 때까지 판매자는 대금을 받을 수 없다.

디포짓 (Deposit)

계약금을 에스크로에서 받은 계좌로 송금한다. 일반적으로 매매가격의 1~3%를 보내게 되며, 에스크로 오픈 후 3일 내에 디포짓해야 한다.

디스클로저 (Disclosure)

디포짓 이후 판매자는 구매자에게 디스클로저를 공개한다. 디스클로저는 주택에 대한 정보 공개 의무를 의미하며, 과거 훼손 이력이나 시세에 영향을 줄 정보를 반드시 이 단계에서 공개해야 한다. 해당 사실을 감추거나 실수로 알려주지 않아도 시세에 영향을 주기에 법적 다툼으로 이어질 수도 있다.

홈 인스펙션 (Inspection)/ 어프레이절 (Appraisal)/ 대출(Loan)

전문 홈 인스펙션을 통해 집을 검사하고 중대한 하자가 있으면 수리를 요청한다. 또 은행 대출을 위한 절차로 주택 감정(어프레이절)을 실시하고, 감정이 확정되면 그 결과가 모기지론을 제공하는 은행으로 전달된다.

컨틴전시 리무브 (Contingency Remove)

컨틴전시 리무브는 부동산 구매의 확정 절차라고 할 수 있다. 여기에 서명하기 전 계약 사항에 혹시나 놓친 부분은 없는지 확인해야 하며, 서명 이후 문제가 발생하면 구매자가 모든 책임을 진다. 컨틴전시 리무브 전에 계약을 파기하면 디포짓은 돌려받을 수 있다.

잔금 송금 및 에스크로 클로징

컨틴전시 리무브에 서명하고 나면 잔금을 대출 금액과 함께 에스크로로 송금한다. 부동산 인도 절차가 끝나면 에스크로가 클로징된다.

부동산 구매에서 가장 중요하게 진행해야 할 절차 중 하나가 대출이다. 100% 현금으로 부동산을 구매한다면 절차상 부담을 크게 줄일 수 있지만, 현실에서 현금을 전부 주고 부동산을 사는 경우는 그리 많지 않다. 아마도 미국 부동산 투자를 고려하는 대다수 투자자도 대출을 염두에 두고 있을 것이다. 미국은 한국에 비해 대출 규제라 할 만한 사항이 딱히 없다. 한국과 마찬가지로 금융권에 따라 이자율이 천차만별이기는 하지만, 한국처럼 주택 수나 매매가액 등을 대출 기준으로 삼는 게 아니라 크레디트 점수(Credit Score)로 대출 심사를 진행하고 이자율이 결정된다.

안전한 거래 방식, 에스크로

미국에는 부동산 거래 시 한국에 없는 독특한 거래 시스템이 있다. 바로 에스크로(Escrow)다. 에스크로는 조건부 양도증서를 의미하며, '약속된 조건이 이행된 이후에 비로소 효력이 발생한다'는 뜻이 있다.

주마다 다른 에스크로 방식

에스크로는 부동산 거래의 안전성을 높이기 위해 매도인과 매수인 외 제삼자가 개입해 부동산 거래를 완료하는 서비스다. 미국은 주마다 에스크로 방식에 차이점이 있는데, 일반적으로 미국 서부는 에스크로 전문 회사가, 동부는 변호사나 법무법인이 에스크로를 진행한다. 에스크로가 개설되면 매도인과 매수인이 계약한 계약서에 약속된 조건이나 사항을 진행한다. 매도인에게 부동산 판매 대금을 전달하고, 매수인에게 명의를 이전하는 모든 행정적 업무가 마무리되는 시점에 에스크로는 종료된다. 에스크로를 개설하고 종료하기까지는 보통 한 달에서 한 달 반 정도 걸린다. 만약 전부 현금으로 구매하는 경우 에스크로는 7일 안에도 클로징될 수 있다.

개인과 법인, 어떤 투자가 유리할까?

미국에서 부동산 투자를 하는 방법에는 개인 투자와 법인 투자, 두 가지 방법이 있다. 개인 투자보다는 법인 투자가 아무래도 투자 과정과 운영 및 사후관리 등에서 유리한 측면이 많다. 또 법인 투자의 경우 부동산 매매를 진행하면서 발생하는 여러 비용을 운영 비용으로 처리할 수 있어 세금 면에서도 이점이 있다.

LLC와 Corp.의 차이

법인 투자는 크게 LLC(Limited Liability Company: 유한책임회사)와 Corp.(Corporation: 주식회사)로 나눌 수 있는데, Corp.보다는 LLC가 이점이 더 많다.

LLC는 1인으로 법인 설립이 가능하고, Corp.처럼 형식적인 경영 구조가 필요하지 않다. 설립 절차도 비교적 간단할 뿐만 아니라 이후 처분 절차 또한 Corp.보다는 유연한 프로세스와 의사결정이 가능하다. LLC는 이중과세 문제에서도 자유로운데, Corp.가 내는 법인세를 내지 않는다. 또 LLC는 회사 소득에 별도의 세금이 부과되지 않고 개인 소득에 대해서만 세금(연방세, 주세)이 발생한다.

●● 크레디트 점수와 관리

크레디트 점수는 미국에서 사용하는 신용점수를 말하는데, 한국에서와 마찬가지로 '신용'이란 빌린 돈을 얼마나 잘 갚느냐를 의미한다. 은행 등 금융기관에서는 이 같은 신용도를 점수화해 대출이나 신용카드 발급 업무에 활용한다.

신용평가기관에서 사용하는 크레디트 점수 산정 모델에는 파이코 스코어(FICO Score)와 밴티지 스코어(Vantage Score) 등이 있다. 신용평가기관마다 자체적인 크레디트 점수 산정 모델을 가지고 있는데, 어떤 산정 방식이든 공통적으로 '페이먼트 연체 기록', '신용카드 등 채무 정도', '소송 이력·파산·채권 추심', '크레디트 개수', '크레디트 기간', '신용정보 조회 기록' 등을 통해 평가한다.

크레디트 점수는 300~850점 사이에서 분류된다. 이 점수는 계좌 개설이나 신용카드 발급 후 6개월이 지나야 점수가 나오는데, 미국인 평균 크레디트 점수는 약 700점이고 나이대가 낮을수록 평균 점수도 낮다.

은행권에서 신용도를 평가할 때 파이코 스코어를 기준으로 690~719점이라면 'Good' 등급으로, 모기지 대출을 받는 데 용이하다. 630~689점은 'Fair' 등급으로, 모기지 대출은 받을 수 있지만 이자율이 높아진다. 720점 이상은 'Excellent' 등급으로, 부동산을 구매할 때 가장 유리한 조건으로 모기지 대출을 받을 수 있다.

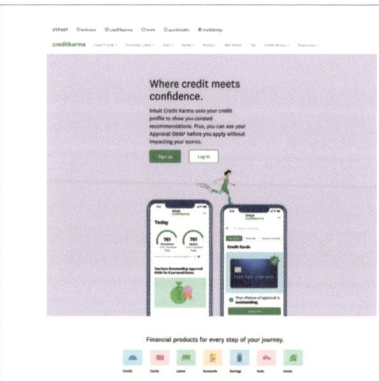

↑ 크레디트 카르마 서비스.

✳ 크레디트 점수, 어떻게 알 수 있나?

3대 신용평가기관(TransUnion, Equifax, Experian)을 통해 크레디트 리포트를 조회할 수 있다. 리포트 조회에는 10달러 정도의 수수료가 발생하며, 1년에 한 번 무료 크레디트 리포트를 제공하는 서비스를 이용할 수도 있다. 신용평가기관의 무료 리포트는 횟수가 너무 적어서 불편한데, 편리하게 크레디트 점수를 확인할 수 있는 방법이 있다. 바로 크레디트 카르마(Credit Karma)라는 서비스다. 크레디트 카르마는 크레디트 점수가 변동되면 바로 이메일을 보내주기에 점수 변동 사유를 즉각적으로 확인할 수 있어 유용하다.

크레디트 점수는 신용평가기관마다 수집하는 정보와 산정 모델이 약간 차이가 나기 때문에 비슷한 경제생활을 하는 사람들 사이에서도 다른 점수가 나올 수 있다. 하지만 크레디트 기록에 큰 문제가 없다면 점수 차이는 대부분 50점 이내로 산정된다. 또 크레디트 점수는 인종이나 나이, 성별, 지역, 결혼 여부 등에 따른 차별을 두지 않고 경제활동의 객관적인 기록을 기반으로 산정된다.

미국에서 경제생활을 지장 없이 하기 위해서는 크레디트 점수 관리가 무엇보다 중요하다. 즉 점수가 떨어지지 않게 신경 써야 한다는 말이다. 실제로 크레디트 점수를 올리려면 상당한 시간이 필요하지만, 떨어지는 것은 한 순간이다.

미국에서의 크레디트 관리는 한국에서 신용점수를 관리하는 것과 크게 다르지 않다. 평상시 관리할 수 있는 몇 가지 항목을 살펴보자.

크레디트 점수 관리하기

1. 페이먼트 절대 연체하지 않기
모기지 대출 원리금이나 신용카드 대금 등 각종 페이먼트를 제때 납부하지 않으면 연체 기록으로 남게 된다. 연체 기록은 크레디트 점수 산정에 매우 중요한 요소이기에 평상시 세심하게 관리해야 한다. 어떤 요금이든 연체를 미연에 방지하기 위해서는 요금 자동 납부 서비스를 활용하는 것이 좋다.

2. 채권 추심 발생 주의
채무 기관은 부실화된 채권을 추심 기관에 넘기는데, 채권 추심에 대한 기록은 7년 동안 남으므로 경제활동에 불이익이 발생하게 된다.

3. 불필요한 카드 발급 및 계좌 개설하지 않기
은행 계좌를 개설하거나 카드를 신규 발급하면 바로 새로운 크레디트가 생기기 때문에 크레디트 점수가 낮아진다. 또 신규 발급 크레디트가 많으면 전체적인 크레디트 평균 기간도 줄어들므로 불필요한 카드 발급이나 계좌 개설은 하지 않는 것이 좋다.

4. 채무 비율 관리
크레디트 사용률은 30% 미만으로 유지하는 것이 좋다. 이를 밸런스(Balance) 관리라고 하는데, 밸런스는 한도 대비 사용한 채무액 비율을 의미한다. 여러 개의 신용카드가 있다면 한도 대비 각각 30% 이하로 관리해 밸런스를 낮게 유지하면 크레디트 점수에 도움이 된다.

5. 계좌나 카드 해지 주의
계좌나 카드의 해지도 기록에 남는다. 해지 기록이 너무 많으면 크레디트 점수에 영향을 줄 수 있으니 주의할 필요가 있다.

SECTION ❶ INVESTMENT

•• 주요 대출 제도 및 필요 서류

미국에서 부동산을 구매할 때 대부분 모기지론을 이용한다. 한국과 마찬가지로 미국에도 다양한 주택 모기지론이 있는데, 미국에서 주택담보대출을 받기 위해 필요한 일반적인 서류는 '재직 증명서', '다운 페이먼트가 있는 은행 영문 잔고 증명서', '자산 증명', '세금 보고서', '소득 증명', '미국 비자(비거주자의 경우)' 등이다. 물론 대출에 필요한 서류는 은행마다 다르므로 꼼꼼하게 확인하고 준비할 필요가 있다.

아래 표에서 볼 수 있듯 미국에는 다양한 대출 프로그램이 있지만, 영주권이 없는 한국인이 개인적으로 미국에서 대출을 받는 것은 쉬운 일이 아니

모기지론 종류		주요 내용
일반 은행 모기지론		대부분 주택 구매자들은 일반 은행 모기지론을 이용한다. 모기지 대출에는 크게 FRM(Fixed-Rate Mortgage)과 ARM(Adjustable-Rate Mortgage) 방식이 있다. FRM은 쉽게 말해 고정금리 대출이고, ARM은 정해진 기간에는 고정금리를 적용하고 남은 상환 기간에는 변동금리를 적용하는 방식이다.
정부 보증 모기지론	FHA론	FHA(Federal Housing Administaration)론은 저소득자·저신용자를 보호하기 위한 취지로 미국 연방주택청에서 보증하는 모기지론이다. 크레디트 점수에 따라 3.5%의 다운 페이먼트만으로도 모기지론을 받을 수 있다. 이 모기지론은 주거용 부동산을 구입할 경우에만 이용 가능하다.
	USDA론	USDA(U.S. Department of Agriculture)론은 미국 농무부에서 보증하는 모기지론이다. 도시 외곽 지역의 발전과 중·저소득층을 지원하기 위한 모기지론으로, 소득에 따라 자격이 주어지며 다운 페이먼트 없이 100% 융자가 가능하다. 다른 대출 프로그램과는 달리 싱글 하우스 구매에만 해당한다.
	VA론	VA(U.S. Department of Veterans Affairs)론은 미군과 그 가족을 위한 모기지론이다. 미국 보훈부에서 보증하는 모기지론으로, 다운 페이먼트 없이(100% 융자) 주택을 구매할 수 있다. 구매한 주택은 주거용으로 활용해야 하며, 싱글 하우스뿐만 아니라 멀티 유닛 하우스 구매도 가능하다.

☑ **계좌나 카드 해지 주의** 계좌나 카드의 해지도 기록에 남는다. 해지 기록이 너무 많으면 크레디트 점수에 영향을 줄 수 있으니 주의할 필요가 있다.

다. 그래서 외국인은 대개 모기지 브로커(Mortgage Broker)의 도움을 받는데(미국인도 모기지 브로커의 도움을 많이 받는다), 모기지 브로커는 각종 모기지 상품을 비교해 최적의 상품을 구매자에게 제시하는 대출 중개인을 의미한다. 이들은 대출을 받고자 하는 사람에게 은행이 요구하는 서류를 안내해주고, 융자 절차가 원만히 이뤄질 수 있도록 도와준다.

모기지 브로커를 활용하면 융자를 진행할 때 많은 도움을 받을 수 있다. 모기지 상품을 알아볼 때 일일이 은행과 접촉할 필요가 없어 시간을 절약할 수 있으며, 모기지 브로커는 대체로 낮은 이자율의 모기지 상품을 제시하기에 구매자들이 합리적 선택을 할 수 있는 가능성도 크다. 또 융자 절차에 대해 모르는 부분을 즉각적으로 묻고 해결할 수 있는 등 외국인에게 모기지 브로커의 활용도는 매우 높다.

모기지 브로커는 통상 융자 금액의 2~3%에 해당하는 수수료를 받는다. 이 수수료는 은행이나 구매자 중 한쪽이 부담하며, 융자 절차가 완료될 때 지급한다.

구매자 입장에서는 신뢰할 만한 모기지 브로커를 찾는 것도 중요한데, 일단 라이선스를 확인해야 한다. 미국은 서브프라임모기지 사태 이후 융자 전문인 라이선스 제도를 실시하고 있는데, NMLS(Nationwide Mortgage Licensing System)라는 모기지 브로커의 라이선스를 처음에 확인하는 것이 좋다. 또 수수료는 어떻게 지급하고 융자 금액의 몇 퍼센트 정도인지 처음부터 확인하고, 빠른 연락과 대응이 가능한지도 선택의 중요한 요소이니 주의 깊게 살펴봐야 한다.

모기지 브로커가 이용하는 주거래 은행이 있을 수 있는데, 다양한 상품을 비교해보고 싶다면 그가 얼마나 많은 은행과 관계를 맺고 있는지도 확인해봐야 한다.

> **미국에서도 대출을 갈아탈 수 있을까?**
>
> '갈아탈 수 있다'. 대출 이후에 임대수익이 발생하고 일정 기간이 지나면 미국에서도 한국에서처럼 대출을 갈아탈 수 있는데, 이를 리파이낸싱(Refinancing: 재융자)이라고 한다. 만약 법인(LLC)을 설립해 모기지론으로 융자받아 부동산을 구입한 경우 미국에서 수익을 내며 크레디트를 쌓으면 더 유리한 조건의 대출 상품이나 낮은 이자율로 갈아탈 수 있다. 이때 모기지 브로커와의 계약 조건에 따라 위약금이 발생할 수도 있으니 처음에 모기지 브로커와 계약할 때 이 부분도 미리 조율하고 대출을 진행하는 것이 좋다.

SECTION ❶　INVESTMENT

좋은 매물을 보는 안목과 부동산 관리

●● 투자 전략 세우기 & 부동산 거래 꿀팁

미국에서 부동산을 구매하기 위해서는 가장 먼저 지역을 선택하고, 좋은 매물을 찾아 나서야 한다. 지역을 고르는 것은 너무나 많은 선택지가 있어 결정하기 쉽지 않다. 그렇기에 최고를 선택하기보다는 최악을 피한다는 생각으로 자신의 투자 목적(거주, 수익률, 중장기 보유 등)에 맞게 하나씩 후보군을 지워나가는 전략을 세우는 것이 좋다.

최종 후보지들을 직접 방문해 주변 환경과 시세 등을 비교하면서 지역을 선택하는 것을 추천한다.

최근에는 질로우(Zillow)나 레드핀(Redfin) 같은 웹사이트에서 원하는 매물을 손쉽게 찾아볼 수 있다. 하지만 한국과 마찬가지로 미국도 모든 매물이 부동산 웹사이트에 올라오는 것은 아니다. 정말 좋은 매물은 시장에 나오기 전에 바로 거래가 이뤄지기도

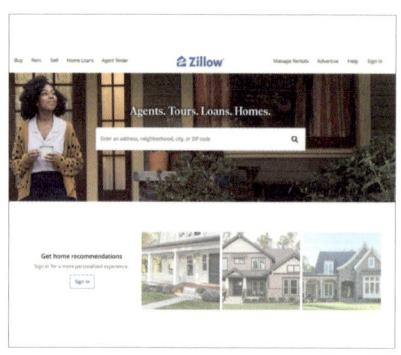

↑ 미국의 대표적 부동산 매물 웹사이트 질로우.

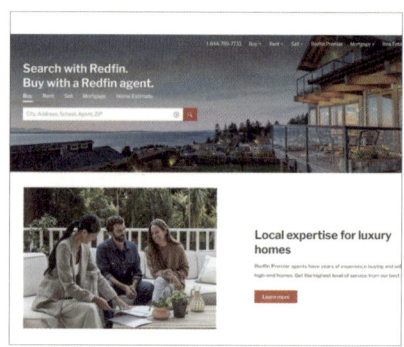

↑ 미국의 대표적 부동산 매물 웹사이트 레드핀.

한다. 그래서 리얼터의 역할이 매우 중요하다고 할 수 있다.

실력이 좋은 리얼터는 많은 정보를 가지고 있을 뿐 아니라 판매자와의 관계를 통해 숨겨둔 매물을 알고 있거나 미리 확보해두는 경우도 있다. 따라서 다양한 리얼터와 관계를 맺거나 실력 있고 신뢰할 만한 리얼터를 만나는 것도 부동산 투자에서 매우 중요한 일이다.

리얼터의 실력은 오퍼 과정에서 명백히 드러난다. 오퍼는 판매자와 경쟁 구매자를 염두에 두고 작성해야 한다. 오픈하우스를 방문했을 때 다른 방문자나 방명록을 살펴보고, 어느 정도의 경쟁자가 있는지 미리 파악하는 것도 도움이 된다.

또 판매자의 정보도 최대한 알아두는 것이 좋다. 부동산을 왜 내놓게 되었는지, 빨리 팔아야 하는지, 최대 얼마 정도의 가격을 원하는지 등 구체적인 정보를 알고 있으면 협상할 때 많은 도움이 된다. 물론 실력 있는 리얼터는 이러한 부분을 미리 확인해서 구매자에게 조언을 해줄 것이다. 다만 최종 결정은 구매자가 하는 것이기에 리얼터의 말을 무조건 신뢰하기보다는 함께 알아보는 것이 현명한 방법이다.

미국에서는 부동산 거래의 모든 과정에서 판매자와 협상이 가능하다는 점도 알고 있으면 도움이 된다. 거래 절차를 바꿀 수도 있고, 어떤 절차는 생략도 가능하다. 홈 인스펙션이나 컨틴전시(Contingency: 만일의 사태)도 협상 대상이 될 수 있다.

> 한국과 마찬가지로 미국도 모든 매물이 부동산 웹사이트에 올라오는 것은 아니다. 정말 좋은 매물은 시장에 나오기 전에 바로 거래가 이뤄지기도 한다. 그래서 리얼터의 역할이 매우 중요하다고 할 수 있다.

↑ 압력 청소기로 지붕 타일을 청소하며 주택을 관리하고 있는 모습.

그리고 매물을 직접 확인할 때 빼놓을 수 없는 부분이 주택의 지붕 수명과 각종 설비 수명을 파악하는 일이다. 지붕에 문제가 있어 수리를 하는 데는 상당한 비용이 발생한다. 통상 홈 인스펙션 단계에 지붕 점검이 포함되지만, 리얼터에게 한 번 더 강조해서 지붕을 점검해줄 것을 요청하는 것이 좋다.

또 주택 내에 포함돼 있는 각종 설비나 가전제품의 수명을 확인하는 것도 잊지 말아야 한다. 각종 주방 기기 (오븐, 덕트 등)나 냉난방기 등의 상태를 꼼꼼히 체크하고, 수명이나 교체 시기 등을 예측해둬야 한다.

●● 임차인 선별도 인터뷰 필수

실거주를 목적으로 미국 부동산을 매입했다면 부동산 관리에 큰 걱정이 없겠지만, 한국에 거주하면서 투자용으로 미국 부동산을 매입했다면 임차인을 구하는 것부터 부동산 관리에 이르기까지 신경 써야 할 부분이 한두 가지가 아니다.

미국에서 임대 사업을 하는 경우 특히 임차인 관리에 주력해야 하는데, 미국에서는 임차인을 들일 때 인터뷰 절차를 거치는 것이 일반적이다. 임차

> **미국에 정착 후 주택을 구매한다면**
>
> 미국에는 다양한 형태의 주택이 있고, 주택마다 기대수익이나 거주 목적이 다를 수 있기 때문에 미국 정착을 계획 중이라면 먼저 렌트(Rent)를 2~3년 해보고 주택을 구매하는 것도 좋은 방법이다.
>
> **팬데믹 이후 변화한 주거 트렌드도 고려**
>
> 주택을 구입하고 후회하지 않으려면 먼저 다양한 주택에서 살아보며 자신의 라이프스타일에 맞는 주택 유형을 아는 것도 좋다. 최근에는 코로나19 팬데믹 이후 사람들이 선호하는 주거 환경의 트렌드도 변하고 있으므로 이 점도 유념하는 것이 좋다. 이전에는 관리가 편하고 도심 접근성이 뛰어난 콘도나 아파트를 선호했는데, 최근에는 교외의 싱글 하우스도 인기 주거지로 각광받는다.

해외에 거주 중인데 믿을 만한 임차인을 어떻게 구하지?

어제가 렌트비 입금일인데 아직 입금이 안 됐네.

재산세, 관리비를 어떻게 일일이 확인하지?

임차인의 수리 요청을 빨리 그리고 제대로 해결해줄 수 있을까?

인의 신용점수, 월수입, 생활 습관 등을 파악해 세를 놓았을 때 문제가 생기지 않을 임차인을 선별해야 한다. 임차인 선택은 임대인의 권한이지만, 재정적 능력이 되지 않는 임차인을 들였을 때 발생할 수 있는 리스크가 있으니 안정적인 수익 창출을 위해서는 재정적으로 안정된 사람을 선별하는 것이 중요하다.

또 임대인은 수익을 최대한 보전하기 위해 공실률을 낮춰야 하는데, 공실을 없애기 위해서는 기존 임차인과 재계약하는 것이 가장 좋은 방법이다. 재계약할 때는 월세를 높여 받을 수 있는데, 캘리포니아의 경우에는 연간 임대료 인상률을 5% 이내로 제한하고 있다. 임대인과 임차인이 동의할 수 있는 인상률로 임대 사업을 지속하면 안정적인 임대수익을 기대할 수 있다.

그런데 앞서 언급했듯이 임대 부동산과 자신이 거주하는 지역이 멀다면 부동산 관리가 쉽지 않다. 특히 임대인이 외국인 투자자라면 부동산 관리가 더욱 힘들어질 수 있다. 그래서 대부분 부동산 임대업을 히는 투자자들은 부동산 관리(Property Management) 업체를 선정해 부동산 관리 업무를 대행하는데, 한국 투자자들은 미국 부동산을 매입할 때 활용한 각종 부동산 플랫폼을 통해 관리 업무를 할 수 있다.

이러한 부동산 플랫폼은 단순 임대 관리뿐만 아니라 재산세와 관리비 및 주택보험과 관련한 행정 관리부터 가치 상승을 위한 투자 솔루션 및 수익성 분석을 하는 운영 관리까지 자신의 부동산과 관련한 거의 모든 서비스를 제공한다.

부동산 관리 비용은 보통 월 임대료의 5~10% 수준으로 보면 된다. 이 비용은 법으로 정해진 것이 아니므로 당사자와의 합의에 따라 조정 가능하다. 부동산 관리는 전문 회사를 선정해도 되고 에이전트에 부탁해도 되는데, 좋은 부동산 관리 업체를 선택하기 위해서는 부동산 관리 업체가 제출한 제안서를 민밀하게 검토하는 것이 필요하다. 이 제안서에는 부동산 운영 플랜, 구체적인 관리 일정, 대규모 수리가 필요할 때의 계획이나 목표 수익, 비용 절감 계획, 공실률에 대한 효

> **재계약할 때는 월세를 높여 받을 수 있는데, 캘리포니아의 경우에는 연간 임대료 인상률을 5% 이내로 제한하고 있다.**

SECTION ❶ INVESTMENT

율적인 처리 방안 등이 포함돼 있어야 한다.

물론 직접 관리하는 것이 비용적 면에서 유리할 수 있으나, 거주지가 미국이 아니거나 미국에 임대주택을 여러 채 소유하고 있다면 부동산 관리 업체에 지불하는 수수료를 월 임대 수입에서 비용으로 처리하는 방법이 현실적이라고 할 수 있다. LLC로 부동산을 매입했다면 부동산 관리 비용도 비용 처리할 수 있어 절세 측면에서도 이점이 있다.

✖ 부동산 관리 업체 활용의 장점

부동산 관리 업체는 임대계약 전에 임차인의 신청서를 검토하고 그의 신용도와 재정 상태를 기본적으로 파악하며, 이전 임대인이나 임대계약 업체에 연락해 매월 임대료를 잘 냈는지를 확인한다. 필요에 따라 주택이 범죄에 이용되는 것을 방지하기 위해 범죄 기록도 확인하는 경우가 있다.

행정 업무 편리하게 진행 가능

부동산 관리 업체는 부동산 전문가들로 구성돼 있어 임대인에게 유리한 조건으로 임대계약서를 작성하고 임차인과 계약을 성사시킨다. 또 주택 수리와 관련한 부분에서도 임차인과 임대인이 직접 소통할 필요 없이 부동산 관리 업체가 알아서 처리해주기 때문에 임차인과의 트러블을 줄일 수 있다.

또 세금 보고와 관련해서도 부동산 관리 업체가 모든 기록을 작성해주므로 세금 보고 기간에 쉽게 임대소득세를 보고할 수 있다. 물론 이 과정에서 회계사 비용은 별도로 지불해야 하지만, 해당 부동산에 대한 모든 정보와 이력을 부동산 관리 업체가 가지고 있기에 행정 업무 영역에서도 큰 도움을 받을 수 있다.

↑ 해외 부동산 플랫폼 예시.

돈 버는 미국 부동산 투자

실전

한 번에 정리하는 미국 부동산 구매 비용

●● 주마다 다른 매매 방식

미국의 부동산 매매 프로세스는 한국에 비해 많은 서류 검토와 시간이 필요하며, 해당 주나 그 외 관할 행정구역 그리고 건물의 종류 등에 따라 차이가 있다. 그래서 미국 부동산 투자에 처음 나서는 사람들은 최근 활성화돼 있는 해외 부동산 플랫폼을 통해 일정 수수료를 지불한 후 매매하기도 한다. 해외 부동산 플랫폼은 매매의 전 과정을 관장하고, 매입 이후 부동산 관리 서비스도 대행한다. 이 같은 부동산 플랫폼은 인터넷 검색이나 미국 투자이민을 전문으로 하는 기업에서 정보를 얻을 수 있다.

미국의 부동산 매매 방식은 주에 따라 크게 두 종류로 나뉜다. 하나는 매매 과정에서 에스크로 회사가 주요 역할을 하는 주이고, 하나는 셀러와 바이어의 변호사가 주요 역할을 하는 주다.

대부분 미국 서부에 위치한 주들은 편의상 에스크로 클로징 주(Escrow Closing State)라고 부르는데, 에스크로 회사가 셀러 및 바이어와 융자 은행 사이에서 모든 서류를 조율한다. 실제로 자금은 융자 서류와 매매 서류를 서명하는 날에 지급되지 않으며, 서류 작업을 먼저 하고 대금은 이후에 치른다. 이 과정은 통상 드라이(Dry) 클로징이라고 부르며, 에스크로 회사에서 진행한다. 이 절차를 채택하는 주는 알래스카·애리조나·캘리포니아·하와이·아이다호·네바다·뉴멕시코·오리건·워싱턴주다. 에스크로 클로징 주의 경우 부동산 클로징 서류의 서명이나 자금 지급 안내 등의 업무를 주로 에스크로 회사에서 진행한다.

그리고 이 외의 주에서는 융자 서류 및 매매 서류와 각종 자금 지불이

클로징 테이블에서 모두 완결되며, 이를 웨트(Wet) 클로징이라고 부른다. 이들 주에서는 변호사가 매매계약부터 클로징까지 중요한 역할을 하기 때문에 통상 변호사 클로징 주(Attorney Closing State)라고 부른다. 뉴욕과 뉴저지를 포함한 대부분의 동부와 남부의 주들, 즉 에스크로 클로징 주인 9개 주를 제외한 41개 주는 변호사 클로징 주에 속한다.

같은 에스크로 클로징 주나 변호사 클로징 주라고 하더라도 각 주와 카운티(County), 시티(City), 빌리지(Village) 등 지방정부에 따라 특이 사항이 있으므로 구입하려는 부동산의 위치에 따라 구체적인 세부 사항을 알아보는 것이 좋다.

이번 파트에서는 한국 투자자들의 부동산 구매가 가장 활발한 뉴욕(변호사 클로징 주)과 캘리포니아(에스크로 클로징 주)를 중심으로 부동산 취득 절차를 정리했다.

부동산 계약을 할 때 매매대금의 일정 부분은 계약금으로 지불하며, 중도금은 계약에 따라 설정하는 경우도 있다. 그리고 잔금을 치르면서 부동산의 소유권을 인수받는 절차를 클로징이라고 한다. 구매하는 부동산의 서치부터 클로징이 이뤄질 때까지 대략의 과정을 요약하면 오른쪽과 같다.

미국에서 부동산중개인의 역할

미국의 부동산 취득은 한국인에게 생소한 절차와 규제가 많아 부동산중개인의 자문을 받아야 할 경우가 많다. 해당 지역의 법과 제도에 대해 익숙하고 경험 많은 중개인을 선택하는 것이 중요하다. 대체로 미국은 매수자와 매도인이 각각 중개인을 고용해 협상을 진행한다. 한쪽에만 유리하게 계약이 진행되는 것을 방지하기 위해 따로 섭외하는 것이다.

중개수수료는 최대 6%까지 지불

우리나라와 달리 미국은 일반적으로 중개인이 매물을 찾아주는데, MLS(Multiple Listing Service)라고 국가에서 관리하는 중앙 매물 관리 시스템이 구축돼 있어 모든 중개인이 해당 정보를 조회할 수 있다. 물론 질로우나 리얼터를 통해 매수자가 관심 있는 매물을 미리 알아볼 수 있으나 지역 사정을 잘 아는 중개인에게 추천받는 것이 보통이다. 미국의 부동산중개인은 매수자에게 좋은 대출 상품이나 융자를 받는 팁도 전해줄 수 있고, 현장 점검(Inspection)과 계약 과정 등 매매의 모든 과정에 적극적으로 개입한다.
중개수수료는 한국의 경우 매수자와 매도자가 각각 매가의 0.9%로 최대 1.8%를 지불하지만, 미국에서는 최대 6%까지 지불한다. 한 명의 중개인이 중개하는 경우 통상 5%를 매도인이 지급하고, 각각 중개인이 있다면 3%씩 지불하는 방식이다.

부동산 서치부터 클로징까지 계약 과정

뉴욕(변호사 클로징 주) | **캘리포니아(에스크로 클로징 주)**

1. 관심 있는 부동산 서치
인터넷 신문 혹은 부동산 에이전트의 소개

2. 부동산중개인 선정
부동산중개인과 함께 절차를 진행하는 것이 도움이 됨

3. 융자 은행 상담과 사전 승인(Pre-approval) 받기

4. 예산에 따른 계약금(Down Payment) 준비

5. 매물 결정

- (뉴욕) **매물 결정**
EMD(Earnest Money Deposit)는 매수자가 가장 먼저 보내는 보증금으로, 매수 의도가 있다는 것을 의미한다. 매도자는 EMD를 받으면 매물을 거둬야 한다. EMD는 통상 매물 금액의 1~3%인데, 건물 연식에 따라 달라질 수 있다. 주택에 하자가 발견되거나 감정 금액이 매매가보다 낮은 경우, 또는 모기지가 불가한 경우에는 환불받을 수 있다.

- (캘리포니아) **매물 결정**

6.

- (뉴욕) **오퍼(Offer) 넣기**
셀러 희망 가격(Listing Price)에서 5% 정도 디스카운트한 가격으로, 주변 지역의 비슷한 부동산 매매가격을 조사해 무리가 없는 가격으로 정한다.

- (캘리포니아) **계약서(오퍼 대신)와 보증금 (Earnest Money Deposit) 5,000~1만 달러 제출**

  *계약서 내용: 가격, 매매에 포함되는 가전제품, 에스크로 클로징 날짜, 이사 예정일, 건물 조사(House Inspection) 시기와 비용 부담 소재, 클로징 전 매물 검사(Walk Through) 날짜

SECTION ❶ INVESTMENT

7 셀러가 오퍼를 받아들이면 셀러의 변호사가 계약서를 작성해 바이어의 변호사에게 전달

법적 효력이 있는 최종 계약서 작성
앞의 오퍼와 통합해 동시 효력 발생

8 건물 조사
계약서에 서명하기 전에 진행하며, 자격증 있는 건물 조사관이 실시

건물 조사

9 변호사들을 통한 계약서 조율 합의
바이어가 계약서에 서명하면서 계약금을 셀러 변호사의 에스크로 회사 계좌로 지불

건물 조사 결과와 계약서 조항에 따른 수리 요청, 가격 재조정 혹은 계약 취소

10 타이틀 조사(한국의 경우 등기부를 열람하는 것과 같음)

11 은행 부동산 감정

12 은행 융자 조건부 승인(Loan Commitment with Conditions)

13 은행 융자 최종 승인(Loan Clearance)

14 최종 매물 검사(Final Walk Through)

15 클로징
은행 보증수표 준비

에스크로 클로징
은행 보증수표 준비

미국 부동산 매매 시 드는 비용

미국 부동산을 매매할 때는 부동산 가격 외에도 추가적인 비용이 든다. 대부분의 비용이 클로징 이후 정산 지불되기 때문에 통상 클로징 비용이라고 한다. 셀러와 바이어 간 클로징 비용에는 다소 차이가 있는데, 아래에서 자세히 살펴보자.

	셀러	바이어
수수료	(매매가격의 1.2~1.4%, 부동산중개 수수료 6%)	(매매가격의 2.5~3%)
비용	⊙ 기존 융자금 변제(Mortgage Bank Payoff)와 관련 비용 ⊙ 등기 비용 ⊙ 건물 조사 및 터마이트(흰개미) 조사 결과 ⊙ 수리 및 처리 비용 　(바이어에게 크레디트로 줄 수도 있음)	⊙ 타이틀 ⊙ 타이틀 조사비 ⊙ 타이틀 보험료 ⊙ 등기 비용
세금	⊙ 부동산세 1~3개월 클로징 당일까지 납세분 ⊙ 거래세(Transfer Taxes): 주, 시 등	⊙ 부동산세 1~4개월 선지급 ⊙ 근저당세(Mortgage Tax): 해당하는 경우만 ⊙ 호화 주택세(Mansion Tax): 해당하는 경우만 ⊙ 부가가치세(타이틀 조사 비용에 대한 것)
은행	–	⊙ 신용 조사비 ⊙ 감정 비용 ⊙ 은행 서류 수속비 ⊙ 융자 금액 1% 정도의 융자 수수료 ⊙ PMI(Private Mortgage Insurance) 2~3개월 선지급액 ⊙ 주택보험 1년간 선지급액
콘도	⊙ 콘도 매니지먼트(Home Owner's Association) 비용 ⊙ 관리비 ⊙ 서류 준비 비용 ⊙ 콘도 변호사 비용	⊙ 콘도 매니지먼트 비용 ⊙ 관리비 ⊙ 서류 준비 비용 ⊙ 콘도 변호사 비용 ⊙ 무브인 디포짓(Move-in Deposit)
	변호사 비용 또는 에스크로를 담당하는 회사의 서비스 등 일체 비용(에스크로 클로징 주)	
	부동산중개수수료	

＊해당 주, 타운, 시에 따라 추가 납세의무가 발생할 수 있음

SECTION ❶ INVESTMENT

심화

자산관리의 핵심, 미국 부동산 출구전략

미국 부동산 투자는 안정적인 현금 소득 창출, 자산가치 상승, 많은 세금 공제 혜택 등 다양한 매력이 있다. 특히 미국 부동산 투자는 한국 부동산 투자와 달리 현금 흐름에 중점을 두는 투자이기에 출구전략을 세우는 데도 여러 선택지를 고려할 수 있다. 그중 부동산 투자 전문가들이 추천하는 대표적인 출구전략을 살펴보자.

기존 부동산 기반 재융자

한국 부동산 투자자들은 거의 단일한 목적, 즉 싸게 매입해 비싸게 매도하는 자본 이익에 목적을 두는 반면 미국 부동산 투자자들은 대부분 기존 부동산을 기반으로 한 재융자를 통해 현금 소득 창출과 자산가치 상승에 목적을 둔다. 미국은 특히 소비와 투자 활성화를 위해 레버리지를 적극 장려하고 있어 부채를 적절히 활용한다면 다양한 금융상품을 찾을 수 있다.

세금 인센티브 활용

또 미국 시장은 세금 공제 혜택이 너무나 매력적이기에 투자 마인드를 갖춘 사람이라면 세금 인센티브를 활용해 자산을 지키고 키우는 데 더없이 좋은 투자 환경이기도 하다.

일반적으로 미국 부동산 임대료는 물가상승률에 따라 매년 2~3% 상승한다. 반면 모기지는 만기일까지 원리금 상환액이 동일하기 때문에 시간이 지날수록 임대수익률(현금 이익)은 높아지게 된다. 또 투자지에 따라 상이하지만 대부분 자산가치도 꾸준히 상승하는데, 가령 50만 달러에 구입한 부동산의 가치가 수년 후 80만 달러가 되었다면 순자산 상승분을 기준으로 추가 대출을 받을 수 있다. 이렇게 추가 대출받은 자금은 면세 혜택이 주어지고, 재융자에 따른 이자도 세금 공제를 받을 수 있다. 투자자들은 대출받은 자금을 바탕으로 추가적 수익을 창출할 수 있는 자산에 투자할 수 있기에 각종 세금 혜택을 보면서 현금 흐름이 더욱 좋아지고, 자산가치도 계속해서 상승하게 되는 것이다.

미국은 한국과 달리 부동산 투자를 통해 현금 유동성 확보뿐만 아니라 자산가치 상승에 따른 재투자가 용이하기 때문에 많은 부동산 투자 전문가가 미국 시장 진입을 추천하고 있다.

종부세 및 취득세 공제

미국은 종합부동산세(종부세)와 취득세가 없다. 물론 재산세는 있지만 임대용이나 투자용 부동산을 보유하는 동안에는 그 세금도 공제받을 수 있는 장점이 있다.

양도소득세(양도세)는 소유한 부동산이 거주용인지 투자용인지에 따라 양도세율의 적용 방식이 다르지만, 투자용으로 매입한 부동산이라면 1년 이상 보유했을 때 세금 면에서 혜택이 큰 장기 양도세율이 적용되고 부동산 소유자의 소득이 많지 않다면 양도세가 발생하지 않을 수도 있다. 또 '1031 익스체인지(Exchange)'를 활용하면 평생 양도세를 내지 않을 수도 있고, 만

> **미국 부동산 투자자들은 대부분 기존 부동산을 기반으로 한 재융자를 통해 현금 소득 창출과 자산가치 상승에 목적을 둔다.**

약 납세자가 사망한다면 그 상속인은 상승한 자산가치로 상속을 받으면서 상속세도 면제된다.

현재 미국은 과거 대도시에 몰렸던 인구가 주변 도시로 빠져나가면서 주거 영역이 확대되고 있어 전반적으로 주택 공급이 부족한 상황이다. 주택 공급 부족에 따른 부동산 수요 증가가 예상됨에 따라 부동산 투자 기회가 확대된 이러한 상황을 슬기롭게 활용한다면 미국에서도 충분히 부동산 투자에 성공할 수 있는 여지가 클 것으로 보인다.

✱ 1031 익스체인지 (1031 Exchange)

미국 국세청 IRS(Internal Revenue Service) 세법 중 1031 섹션에 명시된 제도를 말한다. 부동산 투자자가 집을 교환(Exchange)하면 양도세를 유예받을 수 있어 '1031 익스체인지'라는 이름이 붙었다.
→ 113p에서 더 자세히 살펴볼 수 있다.

SECTION ❶ SPECIAL GUIDE

미국 부동산 투자자산별 시나리오
3억 원으로 미국 집을 살 수 있을까?

●● **3억 원으로 투자하기**

캘리포니아주에서는 3억 원(약 23만 달러)으로 투자용 임대 부동산 매입이 쉽지 않다. 하지만 매물이 많지 않다는 의미이지 아예 없다는 것은 아니다. 중심지에서 조금 벗어난 지역이라면 3억 원의 자금으로도 투자용 임대 부동산을 찾을 수 있다. 예를 들면 한인이 많이 거주하고 있는 지역인 텍사스주 캐럴턴(Carrollton)을 꼽을 수 있다. 오른쪽 사진은 캐럴턴 TX 75006에 위치한 타운하우스로, 현재 매물 가격이 22만5,900달러다.

이 부동산은 관리비(HOA Fee)를 내야 하며, 이 비용에는 공용 수영장과 외부 관리 유지 비용, 정원 관리와 스프링클러 및 지붕 교체 비용 등이 포함돼 있다. 고속도로(Freeway)가 인접해 있어 접근성도 나쁘지 않다.

미국에서 학교 순위를 발표하는 그레이트스쿨스(GreatSchools)에 따르면 이 부동산이 위치한 인근 지역 학교는 10점 만점에 4~6점을 받고 있다. 매우 우수한 편은 아니지만, 평균 수준의 학교 등급을 유지하고 있다고 보면 된다. 이 지역은 시세차익을 보는 투자보다는 임대수익을 기대하기 좋은 곳으로, 일반적으로 3억 원대의 투자는 임대수익을 목적으로 진행하는 것이 현명하다.

예상 임대수익은 월 1,878달러, 연 2만2,536달러이고 수익률은 약 16%다. 여기에서 임대수익 중 실지출 비용을 제외하고 약 1만3,584달러의 순수익을 기대할 수 있다. (부동산 에이전트 비용을 제외하면 1만1,706달러가 순수익이 된다.) 한화로 따지면 연간 약 1,800만 원의 순수익을 예상할 수 있다.

●● **5억 원으로 투자하기**

미국 주거용 부동산의 중간 가격이 약 40만 달러(약 5억3,156만 원)다. 미국 전체로 본다면 중간 가격 35만 달러(약 4억6,518만 원)에서 매매가 활발하게 이뤄지고 있다. 미국에는 주택을 살 때 28/36 규칙이 있다. 월 총수입 중 28% 이상을 주택 비용으로 지출해서는 안 되며, 주택을 포함한 모든 부채의 합산이 36%를 넘으면 안 된다는 것이다. 35만 달러의 부동산을 매입하려면 연 수입이 최소 9만 달러 이상이어야 하고, 주택담보대출을 받은 경우 약 1,957달러를 납부해야 한다.

노스텍사스주의 학군이 좋은 신도시 중 최근 각광받고 있는 도시인 프리스코(Frisco)의 부동산 매물을 예로 들어보자.

예상 임대수익은 월 2,000달러, 연 2만4,000달러이고 수익률은 약 13%다. 여기에서 임대수익 중 실지출 비용을 제외하고 연간 약 1만3,380달러의 순수익을 기대할 수 있다. 한화로 따지면 약 1,770만 원의 순수익을 예상할 수 있다. 만약 이 중 50%를 다운 페

미국 텍사스주 캐럴턴 TX 75006 부동산 매물

매물 정보
- 방 수/욕실 수: 방 3개/욕실 2개
- 면적: 실평수 약 30평(1,083sqft)
- 가격: 22만5,900달러(2024년 2월 기준)

	월 예상 수익	연 예상 수익
재산세	324달러	3,888달러
보험료	79달러	948달러
관리비	343달러	4,116달러
총지출 비용	746달러	8,952달러
임대수익	1,878달러	2만2,536달러
순수익 (임대수익 - 총지출 비용)	1,132달러	1만3,584달러 (임대 시 부동산 에이전트를 고용하는 경우 순수익은 1만1,706달러)

미국 노스텍사스주 프리스코 부동산 매물

매물 정보
- 방 수/욕실 수: 방 2개/욕실 3개
- 면적: 실평수 약 29평(1,014sqft)
- 가격: 32만4,900달러(2024년 2월 기준)

	월 예상 수익	연 예상 수익
재산세	463달러	5,556달러
보험료	114달러	1,368달러
관리비	308달러	3,696달러
총지출 비용	885달러	1만620달러
임대수익	2,000달러	2만4,000달러
순수익 (임대수익 - 총지출 비용)	1,115달러	1만3,380달러 (임대 시 부동산 에이전트를 고용하는 경우 순수익은 9,800달러)

이먼트하고 매입하는 경우(대출 16만 2,450달러, 순투자금 16만2,450달러) 은행에 납부해야 하는 대출금은 이자와 원금(30년 모기지, 8% 이자율)을 합쳐 1,192달러다. 순수익으로 은행 대출금을 갚아나갈 때 부동산 시세가 오르거나 은행 대출금리가 낮아지지 않는다면 큰 수익은 기대할 수 없는 구조이지만, 금리와 시세 변화가 있으면 수익이 크게 달라질 수 있다.

●● 10억 원으로 투자하기

투자금이 10억 원(약 75만 달러)이 넘는 경우 실거주용 부동산이 아니라면 듀플렉스나 타운하우스 두 채를 구입해 임대수익을 배로 늘리는 것을 추천한다. 한국인이 좋아하는 캘리포니아 지역의 어바인, 그중에서도 유독 인기가 있는 노스우드 고등학교(Northwood High School) 학군이 배정되는 부동산 매물을 예로 들어보자.

예상 임대수익은 월 평균 약 3,800달러, 연 평균 약 4만5,600달러이고 수익률은 약 21%다. 여기에서 임대수익 중 실지출 비용을 제외하고 연평균 약 2만6,000달러의 순수익을 기대할 수 있다. 한화로 따지면 연간 약 3,460만 원의 순수익을 예상할 수 있다.

미국 캘리포니아주 어바인 부동산 매물

매물 정보
- 방 수/욕실 수: 방 2개/욕실 3개
- 면적: 실평수 약 36평(1,273sqft)
- 가격: 96만 달러(2024년 2월 기준)

	월 예상 수익	연 예상 수익
재산세	856달러	1만272달러
보험료	336달러	4,032달러
관리비	384달러	4,608달러
총지출 비용	1,576달러	1만8,912달러
임대수익	3,700~3,850달러	4만4,400~4만6,200달러
순수익 (임대수익 - 총지출 비용)	2,124~2,274달러	2만5,488~2만7,288달러 (부동산 에이전트를 고용하는 경우 순수익은 2만3,588~2만3,438달러)

캘리포니아주 어바인 지역 부동산 금액대별 예상 임대수익

구분	사례 1	사례 2	사례 3
매물 정보	76만9,000달러 약 26평(922sqft) 방 2개/욕실 3개	99만8,000달러 약 47평(1,679sqft) 방 3개/욕실 2개	268만 달러 약 98평(3,500sqft) 방 4개/욕실 6개
재산세	8,228달러	1만679달러	2만8,676달러
보험료	3,230달러	4,192달러	1만1,256달러
관리비	335달러	189달러	235달러
연간 총지출 비용	1만1,793달러	1만5,060달러	4만167달러
연간 임대료	2,850달러×12개월 =3만4,200달러	3,999달러×12개월 =4만7,988달러	1만4,615달러×12개월 =17만5,380달러
연간 순수익	2만2,407달러 (약 3,000만 원)	3만2,928달러 (약 4,400만 원)	13만5,213달러 (약 1억 8,010만 원)

> "중심지에서 조금 벗어난 지역이라면 3억 원의 자금으로도 투자용 임대 부동산을 찾을 수 있다. 예를 들면 한인이 많이 거주하고 있는 지역인 텍사스주 캐럴턴(Carrollton)을 꼽을 수 있다."

INVESTMENT SITE

이름만 들어도 설레는 도시, 뉴욕 & 캘리포니아!
한국인이 제일 선호하는 미국 부동산 투자지이기도 하다. 특히 이번 섹션은 자녀를 둔 부모라면 솔깃할 수밖에 없는 학군에 대한 소개를 함께 담았다. 각 도시의 명문 학교와 유명한 교육시설을 비롯해 많은 이가 뉴욕과 캘리포니아에 대해 궁금해하는 내용을 Q&A로 쉽게 풀어 설명했다.

SECTION 2

> 알아두면 쓸모 있는
> 미국 부동산 용어

⊙ FHA
(Federal Housing Administration)
미국연방주택청
- FHA론(FHA Loan): 주로 신용점수가 낮거나 다운 페이먼트를 부담하기 어려운 사람들을 위해 FHA가 보증하는 모기지 옵션.

⊙ 사전 승인 레터
(A Pre-approval Letter)
융자 사전 승인서라고도 하며, 융자 담당자가 특정 금액까지 융자 가능하다고 발행해주는 서류.

⊙ SUNY
(The State University of New York)
뉴욕 주립대학교. 대학 본부는 올버니(Albany)에 있으며, 총 64개의 대학으로 구성돼 있다.

⊙ CUNY
(The City University of New York)
뉴욕 시립대학교. 미국에서 가장 큰 시립대학이자 캘리포니아 대학교 시스템으로, 캘리포니아 주립대학교 시스템, 뉴욕 주립대학교 시스템 다음으로 미국에서 네번째로 큰 공립대학 시스템이다.

⊙ 멜로루스 세금
(Mello-Roos Tax)
새롭게 개발되는 지역의 정부가 학교·하수도·도로·공원 등의 공공시설을 건설·수리하거나 유지하기 위해 재정이 필요한 경우 예산 확보를 위해 만들어내는 특별 세금.

SECTION ❷   NEW YORK

한국인이 주목하는 투자 지역, 뉴욕과 캘리포니아

Q&A로 보는 뉴욕 부동산

세계 금융의 중심지, 뉴욕. 뉴욕은 세계에서 가장 인구가 많은 메가시티 중 하나로, 수많은 자본가의 주목을 받으며 현재도 성장하고 있는 도시다.

자본이 몰리는 곳에 사람이 몰리는 법. 뉴욕은 부동산시장에서도 외국인 투자자들에게 각광받고 있다.

평균 100만 달러에서 거래되는 맨해튼 부동산, 각각 79만 달러와 60만 달러 선에서 거래되는 브루클린과 퀸

스의 부동산. 각종 부동산 웹사이트를 방문하면 뉴욕의 주요 지역 부동산 가격을 쉽게 파악할 수 있다.

하지만 가격을 알고 자본이 있다고 해서 무조건 뉴욕 부동산에 투자할 수 있는 것은 아니다.

손실 보지 않는 투자를 위해서는 투자 지역의 미래가치, 주변 시세, 구매 형태, 투자 절차 등 다양한 부동산 투자에 대한 기본 지식이 있어야 한다. 뉴욕 부동산, 특히 수요가 많은 주택 구매에 처음 나서는 사람에게는 어떤 상식이 필요할까? 간단한 문답을 통해 알아보자.

Q 뉴욕의 집값이 비싼 이유는?

부동산 전문가들은 뉴욕의 집값이 비싼 게 최근의 현상이 아니라고 말한다. 뉴욕은 수십 년에 걸친 부동산시장의 상승과 하락의 흐름 속에서도 100년 넘게 위상을 유지하고 있다.

전 세계 자본이 뉴욕 부동산으로 몰려 개발자들이 계속해서 건물을 지었고, 도시라는 제한된 공간과 높은 건설 비용 및 토지 가격으로 인해 개발자들이 고급 개발을 진행한 결과 도시 전체의 평균 가격이 올라간 측면도 있다. 하지만 뉴욕은 세계 경제·문화의 중심이라는 프리미엄이 있기에 역사적

↓ 뉴욕 맨해튼의 탁 트인 스카이라인 전망.

SECTION ❷　NEW YORK

으로 많은 자본가가 높아지는 집값에도 기꺼이 자본을 투입했던 것이다.

Q 뉴욕에서는 어떤 형태의 집을 살 수 있을까?

뉴욕에서 매입할 수 있는 주택에는 여러 유형이 있다. 투자 및 거주용으로는 콘도가 가장 적합하다. 앞에서 콘도와 타운하우스, 싱글 하우스 등은 알아봤으니 이번 섹션에서는 로프트(Loft)와 코옵(Co-op)을 자세히 살펴보자.

로프트: 로프트는 예전에 공장이나 공업용 건물로 쓰였던 건물을 주거 공간으로 개조해 사용하는 건물을 말한다. 일반적으로 높은 천장, 큰 창문, 벽이 없이 탁 트인 공간이 특징이다. 트라이베카(Tribeca), 소호(SOHO), 그리고 윌리엄스버그(Williamsburg) 지역에 매물이 많고 가격대도 높다.

코옵: 코옵은 장기 거주를 목적으로 하는 투자자에게 적합한 매물이다. 코옵은 매입자가 지분을 얻는 방식으로 소유하게 되는데, 모든 주주가 건물을 함께 소유하는 것이다.

코옵 이사회는 아파트 임대 여부부터 아파트 구조 변경까지 많은 일에 관여한다. 특히 건물 지분을 누가 소유할 것인지에 관한 결정 권한도 있어 매입

↑ 뉴욕 소호 지역의 로프트(Loft).

↑ 큰 창과 벽돌이 특징인 로프트 인테리어 예시.

이 까다로울 수도 있다. 뉴욕의 코옵은 대체로 콘도보다 연식이 오래됐지만, 매물이 많은 편이고 같은 지역 내 콘도보다 비용이 저렴하다.

> ### ✳ 아파트 vs 콘도 vs 코옵의 차이점은?
>
> 미국의 아파트는 한국의 아파트와 개념이 다르다. 뉴욕에서 '아파트'는 렌트만 가능한 주거 빌딩이며, 자가 소유가 가능한 아파트는 '콘도'라고 한다.
> '콘도'와 '코옵'의 가장 큰 차이점은 소유권 형태다. 콘도는 각 유닛을 개인이 소유할 수 있는 형태로 매매가 가능하고, 코옵은 빌딩 조합의 지분을 구입해 거주할 수 있는 권리를 얻는 것이다. 코옵은 콘도와 달리 빌딩에 대한 소유권을 가질 수 없다. 즉 코옵의 소유권은 개인이 아닌 회사에 속하는 것으로 보면 된다.

Q 임대 vs 매매, 어느 쪽이 유리할까?

뉴욕으로 이사하는 대부분의 사람들은 비싼 집값 때문에 임대를 선호한다. 하지만 한곳에서 장기간 살 계획이라면 높은 월세를 고려했을 때 임대보다는 매매가 경제적으로 훨씬 유리하다.

뉴욕시 주변의 롱아일랜드시티(Long Island City), 저지시티(Jersey City), 브루클린(Brooklyn)과 같이 맨해튼(Manhattan)과 인접한 지역에서도 저렴한 매물을 찾을 수 있다.

또 몇 년 안에 투자 비용을 회수할 수 있어 임대보다는 매매가 합리적일 수 있다. 하지만 모든 것에 완벽한 정답이 없듯이 부동산 투자에도 자신의 재정 상황과 선호도에 따라 임대나 매매를 결정하는 것이 바람직하다.

Q 다운 페이먼트(선급금)는 얼마나 필요할까?

다운 페이먼트는 부동산을 구매할 때 고려해야 할 가장 중요한 요소 중 하나다. 집을 구매할 때 현금으로 내는 비율이 대출 비율보다 낮을수록 더 높은 이자를 부담해야 하고, 잠재적으로 추가 비용이 발생할 여지도 크다. 또 다운 페이먼트가 낮을수록 대출받을 은행을 찾기 어렵다.

통상 매물 가격의 20%가 다운 페이먼트의 기준이 된다. 이 기준을 충족할 수 있으면 대출받을 가능성도 높고, 이자율도 낮아진다.

외국인이 주택을 구매한다면 30~50%의 다운 페이먼트가 요구된다. 메이저 은행에서는 대출이 안 되기에 모기지 브로커를 고용해 대출 가능한 금융권을 찾거나 모두 현금으로 구매하는 것도 좋은 방법이다.

새로 지은 콘도는 다운 페이먼트를

20%보다 낮게 받을 수도 있다. 다운페이먼트가 적으면 채무불이행 시 구제받을 수 있는 개인 주택융자보증보험에 가입하는 등 다른 부분에 지출 요소가 많을 수 있다.

FHA(연방주택관리청) 대출은 최소 3.5%의 다운 페이먼트만 지불하면 되지만, FHA 요건을 충족하는 건물이 뉴욕에는 그다지 많지 않다. 이는 저소득층을 위한 대출이므로 신축 콘도나 괜찮은 매물은 이 대출 상품으로 구매가 불가능한 경우가 많고, 외국인에게는 해당되지 않는다.

Q 부동산 에이전트나 변호사가 필요한가?

뉴욕 부동산을 구매하기 위해서는 반드시 필요하다고 말하고 싶다. 물론 부동산중개인 없이도 주택을 살 수 있지만, 특히 뉴욕과 같이 경쟁이 치열한 시장에서는 중개인을 고용하는 것이 좋다. 중개인은 더 많은 매물 후보지를 보여줄 수 있을 뿐만 아니라 가격 협상자 역할도 한다.

또 중개인은 구매하고자 하는 부동산에 대한 요구 사항도 정확히 알고 있고, 특히 뉴욕에서는 코옵 매물을 구매할 때 많은 도움이 될 수 있다. 부동산중개수수료는 일반적으로 부동산 매매가격에 포함돼 있어 구매자가 따로 낼 필요가 없다.

부동산 변호사를 구하는 것은 필수다. 미국의 다른 지역과 달리 뉴욕에서는 부동산 매입을 완료하기 위해 계약을 체결해야 하며, 법에 익숙하지 않으면 상당히 까다로운 서류 절차가 있다. 변호사는 부동산 관련 서류 작업을 진행할 때 주택의 잠재적 문제점(소음 불만, 건축 위반 등)에 대한 법적 조언 등을 제공하기도 한다.

일반적으로 뉴욕의 부동산 구매자와 판매자 모두 법적 대리인이 있으며, 담당 변호사가 있으면 부동산 매매 사기 위험도 피할 수 있다. 변호사 수임료는 2,000~5,000달러 선이다.

Q 대출 사전 승인은 받아둬야 하나?

집을 구매하기 위해 중개인을 고용한 경우 거의 모든 중개인이 구매자에게 은행으로부터 대출 사전 승인을 받았는지 물어볼 것이다. 집을 구매할 의사가 있다면 대출 사전 승인을 받는 것이 좋다.

사전 승인 레터(A Pre-approval Letter)는 소득과 신용점수에 따라 대출 은행에서 작성하며, 일반적으로 30분 이내에 작성할 수 있다. 이 프로세스는 전반적으로 실제 주택을 구입할 준비가 됐는지 확인하는 데 도움이 된다.

코옵 매물을 찾고 있다면 준비할 것이 조금 더 많다. 코옵 이사회에서 모든 개인의 재무 기록을 살펴보고, 모든 자금 출처를 밝히기를 원하는 코옵도 있기 때문에 철저하게 준비해야 한다. 만약 한 직장에 오래 다닌 경력이 있다면 플러스 요인이 될 수 있다.

Q 입주까지 얼마나 걸릴까?

계약서에 서명하고 최종 계약을 완료하기까지는 상황에 따라 소요 시간이 달라질 수 있다. 대개 계약서에 서명하고 집을 소유하기까지 약 90일이 걸리지만, 실제로는 다양한 요인으로 인해 변동될 수 있다. 콘도나 코옵 구매, 대출, 고용한 부동산 변호사로부터 사전 승인받기 등 모든 요소가 소요 시간에 영향을 미친다. 일반적으로 콘도는 30~45일, 코옵은 이사회 승인 절차로 인해 60~90일이 소요된다.

Q 최종 클로징은 어떻게 이뤄지나?

일반적으로 클로징 하루나 이틀 전에 매입할 주택을 둘러보고, 잘못됐거나 해결하고 싶은 사항을 꼼꼼히 기록한다. 우려 사항이 있거나 문제점이 발견될 경우 부동산중개인에게 알리면 된다. 구매자의 경우 각종 은행 문서 작성으로 인해 클로징에만 보통 몇 시간이 걸릴 수도 있다. 이때 공인된 신분증 외에 특별히 준비할 것은 없다.

보통은 부동산중개인과 변호사, 대출기관과 구매자 모두를 대신해 일하는 타이틀 컴퍼니가 클로징에 동행한다. 마지막 문서 서명 전에 모든 문서가 구매자와 판매자의 합의 내용에 부합하는지 반드시 확인해야 한다.

클로징 비용 또한 중요하다. 클로징 단계에서는 꽤 많은 비용이 들 수 있다. 계약금과 대출금리에 따라 다르지만 변호사 비용, 대출 수수료, 타이틀 비용 등 입주 비용을 지불한다. 평균 가격은 전적으로 주택 가격에 달려 있는데, 수천 달러에서 수만 달러에 이를 수 있다.

> **뉴욕 부동산 입찰 경쟁과 필승 전략**
>
> 최근 뉴욕 맨해튼의 경우 50만 달러에서 150만 달러대 콘도의 입찰 경쟁이 심화하고 있다. 만약 자신이 구매할 주택에 대해 입찰 경쟁을 하게 된다면 구매할 부동산이 위치한 지역을 면밀히 분석한 후 잠재 가격을 파악하고, 그보다는 조금 더 높은 가격을 부르는 것이 좋은 전략이 될 수 있다.
> 구매 클로징 날짜와 입주 날짜에 대한 융통성 같은 것도 입찰 경쟁에 도움이 될 수 있는 요소다.

SECTION ❷   NEW YORK

왜 뉴욕 부동산에 투자해야 하는가?

세계적 대도시 뉴욕은 상업, 금융, 문화, 미디어, 연구, 교육 등 많은 분야에서 큰 영향력을 행사하고 있다. 뉴욕은 맨해튼·브루클린·퀸스·브롱크스·스태튼아일랜드 등 5개 자치구로 이뤄져 있지만, 보통 뉴욕시라고 하면 맨해튼을 말하는 경우가 많다.

뉴욕은 5번가, 자유의여신상, 타임스스퀘어, 브로드웨이, 센트럴파크, 엠파이어스테이트 빌딩, 록펠러센터, 크라이슬러 빌딩, 월드 트레이드 센터 등 다양한 초고층 빌딩과 더불어 뉴욕증권거래소, 월 스트리트가 있어 세계경제의 수도라고 할 수 있다.

세계적 명성에 걸맞게 뉴욕은 과거부터 현재까지 세계 자본이 흘러들어 오는 곳이다. 그 자본은 거대 금융시장을 움직이기도 하고, 최첨단 설비와 시설을 갖춘 각종 부동산 개발로 이어지기도 해서 365일 공사가 끊이지 않는 곳이기도 하다. 세계의 이목이 집중되는 곳이기에 당연히 뉴욕의 부동산은 가치가 높을 뿐만 아니라 가격도 비쌀 수밖에 없다.

날이 갈수록 가치가 높아지는 뉴욕의 부동산, 그 매력 포인트 몇 가지를 구체적으로 알아보자.

●● 세계의 정치·경제·예술·문화·교육의 중심지

뉴욕주는 대한민국 면적의 약 1.3배, 뉴욕시는 서울의 1.4배 크기다. 인구수도 미국에서 세 번째로 많은 주로, 인구의 대부분은 남동쪽 끝에 자리한 뉴욕시와 인근 도시에 몰려 있다. 뉴욕시 주변으로는 많은 위성도시가 위치해 있으며, 인구 1,000만 명이 넘는 대도시가 형성돼 있다.

1790년까지 미국의 수도였던 뉴욕은 상업·금융·무역의 중심지로 발전했고, 대학교·연구소·박물관·극장 등이 많아 문화의 중심지이기도 하다. 1920년대 이후에는 세계 금융의 핵심지가 됐는데, 제2차 세계대전 후 미국의 국제적 지위가 올라가면서 영향력이 더욱 커졌다.

뉴욕의 한 해 방문객만 해도 6,500만 명이 넘는다. 2008년 4,700만 명의 방문객을 기록한 이후 33% 이상 증가했으며, 매년 방문객 수가 증가하는 추세다.

뉴욕은 세계경제와 문화의 중심지인 만큼 다양한 랜드마크가 있다. 타임스스퀘어·브로드웨이·엠파이어스테이트 빌딩·록펠러센터·크라이슬러 빌딩·센트럴파크·브루클린 브리지·덤보·월 스트리트·뉴욕증권거래소·월드 트레이드 센터 등 수많은 랜드마크가 있고, 뉴욕의 문화를 접하기 위해 매년 수많은 사람이 찾아온다.

이처럼 뉴욕은 상업·금융·미디어·예술·패션·교육·엔터테인먼트·기술 등 다양한 분야에 걸쳐 큰 영향력을 발휘하는 도시이며, 국제연합(UN) 본부도 뉴욕에 있어 국제 외교에서도 영향력이 큰 도시다.

↑ 뉴욕 타임스스퀘어 일대.

SECTION ❷　　NEW YORK

●● 높은 교육 수준으로 인한 인재 밀집 도시

뉴욕은 교육 인프라도 세계적 수준인데, 우리가 익히 알고 있는 학교도 많다. 명문 아이비리그인 컬럼비아·코넬·뉴욕 대학교와 로체스터 대학교, 콜게이트 대학교, 음악 명문 줄리아드 스쿨, 맨해튼 음악대학교, 바루크 대학교, 파슨스 디자인 스쿨, 미술 명문 프랫 인스티튜트, 세계 3대 요리 학교인 CIA(The Culinary Institute of America) 등 세계 유수의 교육시설이 있어 전 세계의 우수한 인재들이 교육을 받기 위해 뉴욕을 찾고 있다.

이 외에도 SUNY(The State University of New York: 뉴욕 주립대학교) 계열 및 CUNY(The City University of New York: 뉴욕 시립대학교) 계열 학교와 60여 개의 커뮤니티 칼리지(지역사회에서 운영하는 주니어 칼리지)가 있다.

뉴욕의 국공립 고등학교 중에서는 전통적으로 퀸스 플러싱에 있는 타운센드해리스 고등학교가 최고의 학교로 꼽히지만, 최근에는 맨해튼의 시티 칼리지 수학·과학·엔지니어링 고등학교가 각광받고 있다. 뒤이어 요크 칼리지 부설 퀸스 과학고등학교와 스타이브샌트 고등학교, 스태튼아일랜드 테크니컬 고등학교가 국공립 명문 고등학교로 꼽힌다.

뉴욕 퀸스에서 한인 학생이 많이 다니는 프랜시스루이스 고등학교와 베이사이드 고등학교는 각각 뉴욕에서 68위와 286위로 평가된다. 롱아일랜드 소재 고등학교 중에서는 제리코 고등학교가 높은 평가를 받고 있다.

↑ (위) 뉴욕 이서커의 코넬 대학교.
　(아래) 뉴욕 줄리아드 스쿨.

뉴욕 공립고등학교 순위

순위	학교	위치
1	시티 칼리지 수학·과학·엔지니어링 고등학교 (The High School for Math, Science and Engineering)	맨해튼
2	타운센드해리스 고등학교 (Townsend Harris High School)	퀸스
3	요크 칼리지 부설 퀸스 과학고등학교 (Queens High School for the Sciences at York College)	퀸스
4	스타이브샌트 고등학교 (Stuyvesant High School)	맨해튼
5	스태튼아일랜드 테크니컬 고등학교 (Staten Island Technical High School)	스태튼아일랜드
6	브롱크스 과학고등학교 (Bronx High School of Science)	브롱크스
7	리먼칼리지 부속 미국사 고등학교 (High School of American Studies at Lehman College)	브롱크스
8	브루클린 테크니컬 고등학교 (Brooklyn Technical High School)	브루클린
9	브루클린 라틴 고등학교 (The Brooklyn Latin School)	브루클린
10	엘리너 루스벨트 고등학교 (Eleanor Roosevelt High School)	맨해튼

자료 U.S. 뉴스 & 월드리포트

뉴욕의 주요 교육시설

- 컬럼비아 대학교(Columbia University)
- 로체스터 대학교(University of Rochester)
- 뉴욕 대학교(New York University)
- 콜게이트 대학교(Colgate University)
- 록펠러 대학교(The Rockefeller University)
- 바너드 칼리지(Barnard College)
- 코넬 대학교(Cornell University)
- 해밀턴 칼리지(Hamilton College)
- 스토니 브룩 대학교 (Stony Brook University)-SUNY
- 배서 칼리지(Vassar College)
- 빙엄턴 대학교(Binghamton University)-SUNY
- 줄리아드 스쿨(The Juilliard School)
- 시리큐스 대학교(Syracuse University)
- 프랫 인스티튜트(Pratt Institute)
- 렌슬리어 폴리테크닉 인스티튜트 (Rensselaer Polytechnic Institute)
- 파슨스 디자인 스쿨(Parsons School of Design)

SECTION ❷   NEW YORK

•• 세계 부호 및 글로벌 기업의 투자와 부동산 가치의 상승

뉴욕은 세계의 수많은 부호가 모여드는 도시인 만큼 부동산 가격이 쉽게 떨어지지 않는 곳이기도 하다. 구글(Google), 페이스북(Facebook), 아마존(Amazon) 등 미국의 IT 공룡들도 풍부한 인재, 광범위하면서도 집약된 교통 시스템, 문화·엔터테인먼트 산업 발달 등과 같은 이유로 뉴욕에 건물을 매입했을 뿐만 아니라 순차적으로 입주하고 있는 것으로 알려져 있다.

특히 뉴욕 맨해튼은 영국 런던과 세계 금융 패권을 두고 경쟁하는 도시였지만, 브렉시트(Brexit: 영국의 유럽연합 탈퇴 선언) 이후 런던의 위상이 크게 떨어지면서 뉴욕이 세계 금융시장의 최강자로 우뚝 서게 되었다.

여기에 미국 최대 부동산 투자 프로젝트가 진행되면서 뉴욕 부동산 투자가 더욱 열기를 띠고 있다. 바로 허드슨 야드 투자 프로젝트다. 이는 미국에서도 최대 민간 부동산 투자 프로젝트로, 총 250억 달러(약 29조 원)가 투입된다. 아마존·페이스북·블랙록(BlackRock)·니만마커스(NeimanMarcus) 명품 백화점 등 유수의 기업이 이미 입점돼 있고, 벌집

↑ 뉴욕의 고층 건물들이 만들어낸 스카이라인.

모양의 구조물인 베슬(Vessel)은 오픈하자마자 뉴요커 사이에 만남의 광장이자 랜드마크로 자리 잡았다.

●● 장기적인 임대수익 창출과 자산가치 상승

뉴욕은 임대료가 매우 비싼 도시다. 투자 목적으로 부동산을 구매했다면 홈 오너(Owner)가 돼 세입자에게 렌트를 할 수 있는데, 뉴욕은 렌트비가 높기 때문에 큰 수입원이 될 수 있다. 또 집을 잠시 비우는 경우 서블렛(Sublet: 단기 임대)으로 내놓거나, 남는 방이 있다면 룸메이트를 구할 수도 있다. 이렇듯 부동산이 있으면 수익을 낼 수 있는 방법은 다양하다.

부동산 투자를 잘했을 때 얻을 수 있는 이점 중 하나가 에퀴티(Equity), 즉 자산의 가치가 상승하는 것이다.

✥ 버려진 철도 부지의 천지개벽! '허드슨 야드'

맨해튼 서쪽의 허드슨강 주변에는 과거 대규모 철도 기지창이 있었다. 유동 인구가 많지 않고, 관광객들은 관심도 없는 지역이었다. 하지만 시간이 흐를수록 맨해튼에 있는 땅을 그대로 둘 수만은 없었다. 맨해튼에만 800만 명이 넘는 사람들이 살고 있지만 뉴욕에 살고 싶어 하는 사람은 계속 늘어났고, 뉴욕에 본사 및 지점을 내고 싶어 하는 기업들의 사무실 수요도 꾸준했다.

다시 태어난 맨해튼 서쪽

지난 2010년, 맨해튼 서쪽의 허드슨강을 개발하겠다는 계획이 수립됐다. 이는 대규모 투자 유치로 이어졌고, 허드슨 야드 프로젝트는 부지 11만3,000m²에 250억 달러가 책정됐다. 1930년대에 록펠러센터가 건립된 이후 80여 년 만에 이행된 뉴욕 최대의 민간 부동산 개발사업으로 평가된다. 록펠러센터와 마찬가지로 허드슨 야드는 '도시 속의 도시'로 불린다. 고급 주거 단지와 쇼핑몰·사무실·호텔 등이 모두 있는 초대형 복합단지로, 고층 건물 수만 16개에 달한다. 이로써 허드슨 야드는 프랑스 파리의 라데팡스 등과 함께 대표적인 도심 재탄생의 사례로 꼽히기도 한다.

↑ 뉴욕 맨해튼 허드슨 야드 공공 광장에 건설된 랜드마크 '베슬'. 나선형의 벌집 모양으로 이뤄진 베슬은 46m 높이에 16개 층으로 구성됐다.

에퀴티는 총자산에서 차입한 금액을 제외한 순자산 또는 자기자본금을 말한다. 이는 주택에서 담보 비용 등을 제외한 순수한 값으로, 주택 구입가에서 은행으로부터 집을 담보로 대출받은 돈을 제외한 집의 가치를 의미한다.

임대로 사는 경우 매달 지불하는 렌트비는 자산으로 축적되지 않는 고정비용이 된다. 하지만 부동산을 구매하기 위한 비용으로 모기지(대출)를 받아서 지출하는 비용은 자산 축적을 위한 투자라고 볼 수 있다. 모기지 이율보다 매년 오르는 부동산의 가치가 더 높다면 에퀴티 투자수익률은 당연히 높아질 수밖에 없다.

에퀴티 투자수익률은 수익금을 순자산으로 나눠 백분율로 계산하면 된다. 예를 들어 구입한 부동산이 10억 원일 때 그중 3억 원이 자기자본금이고 7억 원이 차입금이면 10억 원 부동산에 대한 에퀴티 투자 금액은 3억 원이 된다. 만약 부동산 매각 시점에 부동산 가격이 17억 원이라면 에퀴티가 3억 원이고 수익금은 7억 원이 된다.

$$\frac{수익금\ 7억\ 원}{순자산\ 3억\ 원} \times 100 = 233\%의\ 에퀴티\ 투자수익률$$

부동산 투자는 비용이 많이 들기는 하지만 재산을 축적할 수 있는 가장 좋은 방법이다. 부동산의 가치가 오르면 에퀴티 또한 오른다는 장점이 있을 뿐만 아니라 뉴욕의 비싼 렌트비에 대한 압박감에서도 벗어날 수 있어 장기적 관점에서 볼 때 매우 유리하다고 할 수 있다.

혼자 사는 뉴요커의 증가, 임대료는?

뉴욕은 임대료가 상당히 비싸기 때문에 여러 사람이 모여 사는 것이 일반적이었다. 몇몇이 모여 살면 렌트비에 대한 부담을 줄일 수 있고, 교류도 자유롭게 할 수 있어 여러 이점이 있다. 그런데 코로나19 팬데믹 이후 뉴요커들의 거주 방식도 변화하고 있는 것으로 나타났다. 룸메이트 없이 혼자 사는 경향이 강해진 것이다.

스튜디오·1베드룸 아파트 수요 증가

2022년 부동산 웹사이트 스트리트이지(StreetEasy) 보고서에 따르면 뉴욕의 스튜디오와 베드룸 1개의 아파트 수요가 대형 아파트 수요를 앞지르면서 임대료도 전년 대비 18%나 상승한 것으로 나타났다. 뉴요커의 거주 방식 변화로 임대료뿐만 아니라 아파트 선호도도 달라지고 있는 것이다. 뉴요커의 혼자 살기 열풍은 2022년 뉴욕의 월세를 사상 최고치까지 견인하는 데 큰 영향을 미쳤고, 당분간 이러한 기조가 지속할 것으로 예측되고 있다.

뉴욕의 핫 플레이스
맨해튼·브루클린·퀸스

뉴욕 부동산시장에서 투자자들이 주목하는 지역을 정확히 나열할 수는 없다. 구매자의 부동산 보유 목적이나 자본금, 선호도에 따라 달라지는 데다 뉴욕은 워낙 다양한 지역에 걸쳐 투자가 이뤄지고 있기에 딱 어디라고 확정할 수 없는 것이다. 하지만 전통적으로 맨해튼, 브루클린, 퀸스 등 접근성이 좋고 가치가 높다고 평가되는 지역을 중심으로 투자자가 쏠리는 경향이 있다. 이 세 곳을 중심으로 어떤 지역이 최근 각광받고 있는지 살펴보자.

세계인의 시선이 몰리는 맨해튼

뉴욕의 맨해튼은 미국뿐만 아니라 세계에서도 가장 인구밀도가 높은 지역으로, 상업·문화·경제적으로 매우 중요한 지역이다. 로어 맨해튼(Lower Manhattan)에는 뉴욕증권거래소와 나스닥이 있는 월 스트리트가 있으며, UN 본부를 비롯해 유명한 랜드마크와 관광지·박물관·대학교 등이 위치한다.

맨해튼은 뉴욕과 뉴욕 대도시권의 중심지이며, 비즈니스와 엔터테인먼

맨해튼 중간 주택 매물 가격과 중간 주택 판매 가격

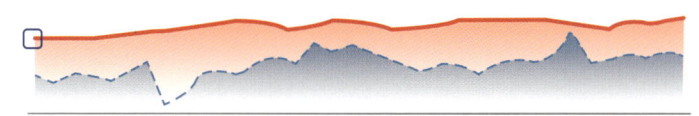

↑ 맨해튼의 중간 주택 매물 가격은 150만 달러를 꾸준히 상회하며, 판매 가격도 코로나19 팬데믹 이후에는 100만 달러 이상을 유지하고 있다.

SECTION ❷   NEW YORK

트 활동의 중심지이기도 하다. 그래서 뉴욕의 다른 자치구인 브루클린과 퀸스 지역 주민들은 맨해튼에 여행 가는 것을 종종 '도시에 간다'고 표현하기도 한다.

맨해튼에서 부동산 투자로 가장 인기 있는 지역은 가장 비싼 지역에 속한다. 대체로 소호(SOHO), 그리니치빌리지(Greenwich Village), 그리고 플랫아이언(Flatiron) 지역이 인기가 높다. 코로나19 팬데믹 이후 뉴욕의 경제가 회복되고 레스토랑과 쇼핑센터가 다시 운영을 재개하는 지역을 중심으로 선호도가 크게 올라갔다.

최근에는 맨해튼에서 교통 접근성이 좋은 이스트할렘(East Harlem)이나 킵스베이(Kips Bay) 지역을 눈여겨보는 투자자가 많이 늘었다.

독특한 역사와 문화의 브루클린

브루클린은 롱아일랜드 서쪽 끝에 위치하며, 이스트강 건너편에는 맨해튼이 자리한다. 뉴욕시의 5개 자치구 중 최대 인구수를 자랑하며, 주택지가 대부분을 차지한다. 브루클린은 뉴욕의 일부이지만 독특한 문화와 건축학적

↑ 이스트강의 브루클린 다리와 로어 맨해튼의 모습.

유산, 독립 예술 현장 등이 있어 문화적으로 가치가 높은 지역으로 알려져 있다.

브루클린도 뉴욕 부동산시장에서 핫한 지역으로 꼽히는데, 특히 덤보(Dumbo)와 포트그린(Fort Green)은 맨해튼에 비교적 쉽게 접근할 수 있을 뿐 아니라 다양한 레스토랑과 문화가 공존하는 지역으로 예전부터 많은 사람에게 선호되는 곳이다. 또 부시윅(Bushwick)과 고와너스(Gowanus)도 주목할 필요가 있다.

부시윅은 윌리엄스버그와 같이 대중교통을 이용해 맨해튼에 접근하지만, 거리는 더 멀리 떨어져 있다. 하지만 코로나19 팬데믹의 여파로 재택근무가 늘어나고 더 많은 사람이 비용을 아끼며 큰 공간을 확보하기 위해 선호하는 지역으로 변했다. 한때 맨해튼 소호에 살던 사람들이 브루클린의 부시윅을 주목하게 된 이유이기도 하다.

고와너스나 그 인근 지역인 레드훅(Red Hook)은 대중교통 이용이 불편한 지역으로, 뉴욕에서 임대료가 매년 하락한 유일한 지역 중 하나였다. 하지만 최근 매매가격이 급상승하면서 주목해야 할 투자지가 됐다. 특히 고와너스에서 주목해야 할 점은 이 지역에 대규모 구역 변경 계획이 승인되면서 2035년까지 8,500세대의 새로운 아파트가 들어설 예정이라는 것이다.

명실상부한 뉴욕의 관문, 퀸스

퀸스는 뉴욕에서 가장 큰 지구로 이스트강을 사이에 두고 북쪽으로는 브롱크스와, 서쪽으로는 맨해튼과 각각 마주 보고 있으며, 서남쪽으로는 브루클린, 남쪽으로는 대서양, 동쪽으로는 나소 카운티(Nassau County)와 각각 접해 있다. 또 북쪽으로는 라과디아 공항, 남쪽으로는 JFK 국제공항, 그 중간에는 롱아일랜드 철도의 주요 분

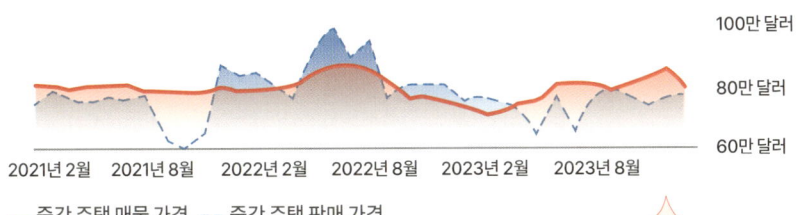

브루클린 중간 주택 매물 가격과 중간 주택 판매 가격

↑ 브루클린의 주택 매물 가격은 800만 달러 선에서 형성되며, 판매 가격은 시기에 따라 부침이 있는 것으로 나타나지만 매물 가격대에서 크게 벗어나지는 않는다.

SECTION 2　　NEW YORK

↑ 뉴욕 퀸스 일대의 모습.

기역인 자메이카역이 위치해 명실상부한 뉴욕의 관문으로 불린다.

맨해튼과 브루클린 등 뉴욕 부동산시장에서 인기가 높은 지역은 매우 비싼 편에 속해 이보다 조금 저렴한 지역을 찾는다면 퀸스의 큐가든스힐스(Kew Gardens Hills), 우드사이드(Woodside), 서니사이드(Sunnyside), 미들빌리지(Middle Village) 등을 추천한다. 맨해튼이나 뉴욕 내 다른 주변 지역으로 통근할 필요가 없다면 퀸스의 평균 임대료가 다른 지역보다 낮기 때문에 합리적인 선택일 수 있다. 또 이 지역에는 많은 녹지 공간과 공원이 있어 삶의 질도 높은 것으로 평가된다.

이 외에도 최근 곳곳에서 부동산 허가 및 개발이 이뤄지고 있는 플러싱(Flushing) 지역도 각광받고 있다. 뉴욕 지하철 7번 노선의 종점인 플러싱 시내는 플러싱과 화이트스톤(Whitestone), 머리힐(Murray Hill)

의 인구 약 25만 7,000명을 포괄하는 지역으로, 맨해튼 미드타운에 필적할 만큼 뉴욕에서 인구가 가장 많은 지역이다.

아시아계 미국인 커뮤니티 주류로 자리하는 플러싱 주민 대부분은 직업과 생활 터전을 모두 그 지역에서 공유하는 경향이 크다. 이 지역 주민들은 일반적으로 임대보다는 부동산을 소유하는 경우가 더 많다. 부동산 임대보다 소유를 선호하는 플러싱 주민들의 성향은 부동산 개발 기업 입장에서 개발의 핫 플레이스로 급부상하기 좋은 조건을 갖추고 있어 투자자들이 눈여겨볼 만한 지역으로 꼽힌다.

> ### ✦ 브롱크스(Bronx) 지역은 어떨까?
>
> 브롱크스는 뉴욕의 5개 자치구 가운데 하나로 가장 북쪽에 위치하며, 할렘강을 사이에 두고 맨해튼과, 이스트강을 사이에 두고 퀸스와 마주하고 있다.
>
> **포덤에 주목!**
> 이 지역도 퀸스와 마찬가지로 맨해튼의 비싼 부동산에 대한 대안으로 꼽힌다. 특히 브롱크스의 포덤(Fordham)은 포덤 대학교의 본거지이자 전반적인 도시 인프라 개선이 빠르게 이뤄지고 있는 지역으로, 뉴욕에서 주목할 만한 곳 중 하나다. 포덤대학교는 U.S. 뉴스&월드 리포트가 매년 발표하는 미국 대학 순위에서 2024년 기준 439개의 국립 대학 중 89위를 차지하고 있다.

퀸스 중간 주택 매물 가격과 중간 주택 판매 가격

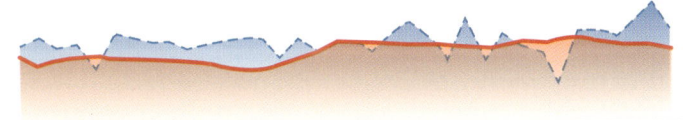

브롱크스 중간 주택 매물 가격과 중간 주택 판매 가격

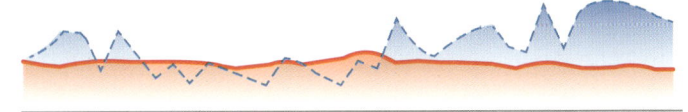

— 중간 주택 매물 가격   -- 중간 주택 판매 가격

↑ 퀸스의 중간 주택 매물 가격과 판매 가격은 60만 달러대에 형성된다.
↑ 브롱크스의 중간 주택 매물 가격은 35만 달러 선이지만, 다른 지역보다 상대적으로 낮은 시세인 판매 가격은 매물 가격을 상회하는 경향을 보인다.

SECTION ❷ CALIFORNIA

Q&A로 보는 캘리포니아 부동산

캘리포니아는 부동산 구매와 관련해 몇 가지 독특한 관행이 있다. 다른 지역에서 주택을 소유한 적이 있더라도 캘리포니아의 부동산 거래 관행과 절차는 다를 수 있으니 꼭 알아두고 진행하는 것이 좋다. 캘리포니아 부동산의 기본 상식을 Q&A로 살펴보자.

Q 캘리포니아 부동산은 매입할 가치가 있는가?

이는 구매자의 재정 상태에 달려 있다고 봐야 한다. 캘리포니아는 멋진 바다 전망, 도전하기 좋은 산악 하이킹, 고요한 사막 마을 등 상상할 수 있는 거의 모든 형태의 풍경을 지닌 훌륭한 지

↑ 미국 캘리포니아주 애너하임 오렌지 카운티의 주택단지.

역이다. 그러나 이곳의 생활비는 집값과 마찬가지로 높은 편이며, 산불이나 지진 등의 위험성도 있다. 이러한 단점에도 불구하고 전문가들은 캘리포니아의 주택 구매를 계획하고 있다면 크게 망설일 필요가 없다고 말한다. 각종 부동산 전문 기관들은 캘리포니아 부동산시장이 앞으로도 지속해서 성장할 것으로 분석하고 있으며, 관련 지표도 이를 증명하기 때문이다.

Q 캘리포니아에서 집을 사려면 얼마가 필요한가?

부동산을 매입하고자 하는 지역에 따라 크게 다르다. 샌프란시스코(San Francisco) 같은 대도시의 주택을 구매하고자 한다면 캘리포니아 주택 평균 가격인 70만 달러를 훌쩍 넘는 반면, 프레즈노(Fresno) 같은 지역은 훨씬 적은 자금이 필요하다.

Q 캘리포니아에서 집을 구매하기 위해 필요한 신용점수는?

신용점수가 최소 620점 이상은 돼야 한다. FHA 모기지론을 신청할 계획이라면 일부 대출 기관에서는 최저 500점을 요구하기도 하지만, 이 같은 경우에는 위험 부담을 줄이기 위해 더 높은 계약금을 제시해야 한다. 가장 좋은 조건의 최저 이자율을 받을 수 있는 '우수' 신용점수는 740점 이상이다.

Q 비거주자가 캘리포니아에서 집을 살 수 있는가?

당연히 부동산을 구매할 수 있다. 그런데 만약 부동산을 매입한 지역에 거주하지 않는다면 절차가 복잡할 수 있으니 투자 전문가의 도움을 받아 진행하는 것이 안전하다.

Q 캘리포니아 부동산 거래의 관행이 있다면?

우선 캘리포니아에서는 주택 판매자를 직접 만나지 못할 수도 있다. 캘리포니아주의 법에 따르면 구매자와 판매자가 직접 협상 테이블에 앉아 부동산을 거래할 필요는 없다. 중개인을 통해 의사소통하는 것이 가능하다.

판매자를 직접 만나지 않고도 주택을 방문하고, 질문과 협상을 하고, 구매 계약을 진행할 수 있다. 일부 주에서는 구매자와 판매자가 직접 만나 협상과 계약을 진행하는 것이 필수적이다. 구매자는 구매 대금을 판매자에게 직접 주고, 판매자는 돈을 받았다는 증서를 구매자에게 주도록 의무적으로 규정하는 식이다. 하지만 캘리포니아에서는 부동산 매매에 관련된 모든 행위

↑ 미국 캘리포니아주 타운하우스.

가 당사자 없이 대행사나 에스크로 회사를 통해서도 가능하다. 모든 서류가 처리되면 구매자는 매입한 주택의 열쇠를 받을 수 있다.

Q 부동산 거래에 변호사가 반드시 필요한가?

캘리포니아에서는 주택 매매 시 변호사가 반드시 있어야 하는 것은 아니다. 일부 주에서는 부동산 거래 시 반드시 변호사를 고용하도록 하지만, 캘리포니아에선 필수 사항이 아니다.

주택 구매자나 그 대리인은 주거 구매 계약 및 공동 에스크로 지침이라는 표준 양식을 활용해야 하는데, 이는 캘리포니아 부동산중개인 협회(California Association of Realtors)의 양식을 따르면 된다. 이 양식은 부동산중개인이 서류를 작성하는 데 도움을 줄 수 있기 때문에 굳이 변호사를 고용해 검토할 필요는 없다. 구매자의 제안을 수락한 판매자가 이 양식에 서명하면 최종 계약이 성립된다. 다만 아주 복잡한 거래여서 중개인이나 대리인이 프로세스를 진행하기 쉽지 않은 경우에는 현지 변호사에게 법률 자문을 구하는 것이 안전하다.

Q 캘리포니아 부동산 거래에 독특한 관행이 있다는데?

캘리포니아 부동산 거래에서 가장 특이한 것 중 하나가 바로 이중 에이전트다. 일반적으로 다른 주에서는 판매자와 구매자가 각자 다른 에이전트를 고용해 판매자는 최고 가격, 구매자는 최저 가격으로 흥정하지만, 캘리포니아에서는 판매자와 구매자가 동일한 부동산중개인 또는 대행사를 통해서도 매매가 가능하다. 이 경우 구매자와 판매자가 같은 대행사를 통해 매매계약을 진행한다는 서면 동의만 있으면 된다.

Q 캘리포니아 부동산에 부과하는 멜로루스 세금이란?

캘리포니아에는 재산세뿐만 아니라 재산세와 별개로 부과하는 멜로루스 세금(Mello-Roos Tax)이라는 것이 있다. 멜로루스 세금은 주로 어바인 등 새롭게 개발되는 지역의 정부가 학교·하수도·도로·공원 등의 공공시설을 건설·수리하거나 유지하기 위해 재정이 필요한 경우 채권(Bond)을 발행해 먼저 공사비를 충당한 다음, 그 지역에 사는 주택 소유주들에게 채권의 이자와 원금을 갚도록 하는 것이다.

이는 추가적 세금으로 부담이 될 수도 있지만, 새로운 편의시설과 좋은 학군으로 많은 사람의 투자를 이끌어 내 부동산 가격 상승을 유지하게 하기도 한다. 부과하는 세금이 높지만 부동산 가격 상승이 더 높다고 판단되는 경우 높은 세금을 감당하는 것이다. 멜로루스 세금은 재산세 고지서와 함께 나오며, 재산세의 회계연도는 7월 1일부터 그다음 해 6월 30일까지이고 두 번에 나누어 낼 수 있다.

2024년 캘리포니아 부동산시장 전망은? '맑음!'

코로나19 팬데믹 이후 미국 부동산시장은 그야말로 예측 불허 그 자체였다. 팬데믹 이전 시기에는 낮은 이자율로 시장이 매우 뜨거웠지만, 2021년 8월부터 최근까지 30년 고정 모기지 금리가 지속해서 상승해 20년래 최고치를 기록했다. 그럼에도 불구하고 미국 부동산시장은 절대적인 매물 부족으로 쉽게 가격이 떨어지지 않았고, 전문가들은 금리가 인하되는 올해는 시장 활성화까지도 내다보고 있다.

상승장 예상되는 2024년

부동산 전문 회사 리얼터닷컴(Realtor.com)에 따르면 최근 미국 부동산 가격 하락은 대부분 종결됐고, 2024년에는 상승장이 올 것으로 예측하고 있다. 특히 캘리포니아 주택시장은 2024년 다른 지역보다 더 좋을 것으로 전망했는데, 캘리포니아의 5개 도시인 옥스나드·샌디에이고·리버사이드·베이커스필드·로스앤젤레스가 미국 부동산 상승 기대 지역 상위 10개 목록에 포함됐다.

캘리포니아 부동산시장은 주택 소유자 중 3분의 2가 주택 모기지를 갚아야 하는 상황이라 금리 상승의 영향에 더 민감한 편이다. 그러나 최근 모기지 이자율 하락세가 이어지고 있고, 이러한 기조가 2024년에도 지속될 경우 팬데믹 이전의 과열 구매 경쟁이 재현될 것으로 예상된다.

왜 캘리포니아 부동산에 투자해야 하는가?

●● 황금의 꿈을 품은 곳

미국에서 최대 인구와 생산력을 자랑하는 캘리포니아주. 캘리포니아는 1848년 콜로마 지역에서 황금 조각이 발견된 이후 황금의 땅이라 불리며 금을 찾기 위해 수많은 이민자가 이곳으로 몰려들기 시작했다. 즉 황금이 발견된 이듬해인 1849년부터 미국 서부의 황금 러시가 시작된 것이다. 캘리포니아 황금 러시는 서부 개척 시기 미국의 국가 확장에 큰 영향을 미쳤다. 금을 찾고자 많은 사람이 캘리포니아로 몰려들면서 서부 개척은 더욱 가속화됐고, 특히 캘리포니아는 천혜의 자연환경과 더불어 산업적으로 발전하기 좋은 조건을 갖추고 있어 인구가 급증하는 계기가 됐다.

황금 러시 초기 캘리포니아의 금광산은 미국이 아메리칸드림을 실현해 줄 수 있는 곳으로 인식되기에 충분했다. 금을 찾기 위해 수많은 광부가 금 채굴업계를 형성했고, 금 거래의 활성화는 미국 경제에 새로운 동력을 불어넣었다. 물론 당시의 캘리포니아는 금을 찾기 위해 찾아온 수많은 이민자로 인해 그야말로 무법 지대였다. 금 광산에서는 일자리 경쟁과 금 채굴 소유권 분쟁으로 갈등이 끊이지 않았고, 광부들 간 폭력 사건도 비일비재했다. 또 과도한 금 채굴은 환경 파괴와 생태계의 변화를 초래했다.

캘리포니아 황금 러시는 여러 부작용이 있었지만, 미국이 경제적으로 세계에서 우뚝 설 수 있는 발판을 마련했다는 사실은 부정할 수 없다. 또 세계의 수많은 이민자가 몰리다 보니 이민자들의 다양성을 인정하고 인종 간 이해를 높이는 계기를 마련하는 데도 큰 역할을 했다. 현재는 그 의미가 많이 퇴색했지만, 그래도 미국이라고 하면 으레 떠오르는 아메리칸드림의 발상지가 캘리포니아라는 점에서도 의미를 찾을 수 있다.

●● 미국 산업의 중심지

캘리포니아는 금 채굴로 개발의 실마리를 마련했지만, 농업과 공업 부문에서도 미국 최대의 생산력을 자랑하는 곳이다. 캘리포니아 남부의 지중해성기후 지역에서는 각지에 근대적 관개시설을 설치해 과수와 채소 등을 재배하고 있다.

포도·복숭아·레몬·살구 등 과일류와 사탕무의 생산은 미국 1위이고, 오렌지는 플로리다에 이어 2위, 목화와 감자는 3위다. 어획량은 알래스카에 이어 2위이며, 참치 외에 70종의 어패류가 어획된다. 또 닭·칠면조 사육도

↑ (위) 캘리포니아주 LA 시내 전경.
  (아래) 캘리포니아주 벤투라의 산업용 건물과 인근 지역.

SECTION ❷   CALIFORNIA

1위를 차지해 목축업 소득 면에서도 아이오와(Iowa)에 이어 미국 2위다. 낙농업이 발달했으며, 밀·벼의 재배도 왕성하고, 소나무·전나무 등 임산자원이 풍부해 북부와 시에라네바다산맥의 서쪽 기슭이 임업지를 이룬다.

캘리포니아는 또한 공업 부문, 특히 항공우주산업에서 선도적 역할을 하고 있다. 공업 분야 GDP도 뉴욕주에 이어 미국 2위다. 그중 로스앤젤레스를 중심으로 한 항공기·미사일 공업이 가장 활발하고, 각지에 냉동·통조림 공업도 발달했다. 또 캘리포니아의 산업에서 빼놓을 수 없는 곳이 실리콘밸리(Silicon Valley)다. 실리콘밸리는 샌프란시스코만 지역 남부를 이르는 말이다. 이곳에 반도체 칩 제조 기업이 많이 모여 있어서 이와 같은 이름이 붙

↑ 캘리포니아주 샌프란시스코에 위치한 오클랜드 베이 브리지.

었다. 실리콘밸리는 미국의 첨단산업, 특히 IT와 반도체 기반 기업과 연구소들의 요람이다. 1939년 HP가 이곳에서 창업한 이래 수많은 벤처기업이 설립되거나 이곳을 거쳐갔다. 실리콘밸리는 현재도 전 세계 기술 혁신의 상징으로 1인당 특허 수, 엔지니어의 비율, 벤처자본 투자 등에서 미국 내 최고 수준을 유지하고 있다. 그 밖에 전기기계·전기기구·전자기기·금속 제품·정유 등의 공업도 대규모로 이뤄지고 있다. 이런 각종 산업의 발달에 힘입어 캘리포니아는 1인당 국민소득도 미국에서 최상위권에 속한다.

산업뿐만 아니라 문화적인 면에 있어서도 캘리포니아는 세계에서 손꼽는 지역이다. 캘리포니아는 원래 멕시코령이었기 때문에 에스파냐계의 문화가 남아 있고, 멕시코인 이주자도 많다. 또 한국인·일본인·중국인 등 동양계 사람이 많아 그들의 문화적 관습이 널리 뿌리내리고 있으며, 특히 샌프란시스코의 차이나타운, 로스앤젤레스의 코리아타운과 리틀도쿄 등이 유명하다. 공업이 발전함에 따라 흑인의 대도시 유입도 눈에 띈다.

전반적으로 기후와 생활환경의 혜택을 입어 은퇴 후 정주자가 증가하고 있으며, 샌타모니카(Santa Monica)·롱비치(Long Beach)·할리우드(Hollywood) 등의 휴양지와 고급 주택단지가 발달했다. 또 캘리포니아 대학교 등 170여 개 대학이 있어 대학 수로는 미국 2위이며, 연구소와 박물관도 많아 문화적 수준이 높은 곳이다.

●● 자연을 사랑하는 친환경 도시

캘리포니아는 천혜의 기후와 해변으로 유명한 도시로, 미국 내에서도 독특한 부동산시장을 형성하고 있어 투자자들이 눈여겨보는 곳이다. 이곳은 사막 풍경에서부터 해안 절벽, 산악스키 슬로프, 울창한 숲과 구불구불한 언덕에 이르기까지 모든 유형의 지형을 가지고 있다.

야외 레크리에이션을 즐기면서도 여유로운 실내 생활을 할 수 있는, 즉 조화로운 라이프스타일을 즐기고자 하는 사람들에게는 이상적인 지역이다. 여기에 다양한 문화적 영향력을 더하면 캘리포니아가 부동산 투자지로서 미국에서 인기 있는 이유를 이해할 수 있을 것이다.

일반적으로 캘리포니아의 주택시장은 다른 지역보다 더 활발한 편이다. 그래서 종종 처음에 제시된 가격보다 훨씬 높은 가격에 매입 제안이 들어올 수도 있다. 캘리포니아에서 부동산

SECTION ❷ CALIFORNIA

↑ (왼쪽) 미국 캘리포니아주 오렌지 카운티에 있는 러구나비치의 모습.
　(오른쪽) 캘리포니아 뉴포트비치 뱅크오브아메리카(BOA) 외부 전경.

을 처음 구매한다면 이러한 점이 불편하게 느껴질 수도 있지만, 그만큼 투자할 가치가 있는 곳이기에 벌어지는 현상이라 여기면 된다.

투자자들이 캘리포니아 지역을 주목하는 이유 중 가장 큰 부분을 차지하는 것은 미국의 다른 주보다 주택시장이 빠르게 친환경적으로 발전한다는 점이다. 캘리포니아주는 2020년부터 53층 이하의 모든 신규 단독주택과 다가구주택에 태양광 패널을 의무적으로 설치하도록 했다. 이 법안의 통과로 주정부 차원에서는 에너지 소비를 19%나 줄일 수 있게 됐고, 주택 소유자에게는 모기지 기간 중 다양한 혜택을 제공해 부동산시장에 활력을 불어넣었다.

실제로 이 같은 친환경적 법안은 부동산시장이 변화하는 데 중요한 역할을 하고 있다. 캘리포니아주의 주택 가격은 전국 평균의 2배 수준이며, 샌프란시스코 같은 대도시는 이보다 훨씬 높은 편이다. 부동산 가격 상승으로 임대료 부담과 모기지 상환에 지출하는 비용이 늘어 부담스러울 수도 있지만, 시장의 지속적 성장과 공급보다 높은 수요가 투자자들에게는 여전히 매력적인 요소로 작용하고 있다.

❈ 캘리포니아의 주택은 왜 비쌀까?

캘리포니아 주택시장은 높은 수요와 낮은 공급으로 인해 비싸다고 인식된다. 특히 밀레니얼 세대와 은퇴자들의 강력한 수요와 함께 캘리포니아 지역의 따뜻한 기후가 매력적 요소로 작용하면서 제한된 주택 공급이 부동산 가치를 상승시킨 것이다. 이로 인해 많은 사람이 캘리포니아에서 저렴한 주택을 찾는 것이 갈수록 어려워지고 있다. 캘리포니아 지역의 부동산 가격이 높은 이유를 몇 가지 측면에서 살펴보자.

1 제한된 토지 공급

캘리포니아의 주택 가격은 전국 평균의 2배인 70만 달러를 초과할 정도로 매우 비싸다. 비용이 높은 주된 이유는 주에서 개발할 수 있는 토지의 공급이 제한돼 있기 때문이다. 즉 캘리포니아 주택 수요는 가용 토지를 훨씬 초과하고 있어 가격이 지속해서 상승하는 것이다. 설상가상으로 주에서는 엄격한 환경 규제를 시행하고 있어 신규 주택을 짓는 것이 번거롭고, 비용도 많이 든다. 이러한 규제도 토지 공급을 더욱 제한해 가격을 상승케 하는 요인이다.

2 주택에 대한 높은 수요

캘리포니아는 입주 가능한 주택보다 인구가 더 빠르게 몰리기 때문에 가격이 높게 형성된다. 샌프란시스코나 로스앤젤레스와 같이 인기 있는 도시는 수요가 매우 많고, 신규 부동산 개발을 위한 공간이 제한돼 있기 때문에 특히 비싸다.

3 비싼 공사비와 개발 승인의 어려움

일반적으로 캘리포니아주의 건설 비용은 다른 지역보다 비싼 편이다. 높은 인건비와 재료비 그리고 토지 공급 제한 등을 비롯한 엄격한 건축 규제가 주택 가격을 상승시키는 것이다. 또 주택 프로젝트에 대한 승인을 받는 것이 힘들고, 시간도 많이 걸린다. 개발 프로젝트도 계획을 크게 변경하는 경우가 있는데, 이는 제안된 프로젝트 중 소수만이 실제로 구축된다는 것을 의미한다.

4 높은 재산세율

캘리포니아에서는 1978년 재산세율을 주택 평가 가치의 13%로 제한하는 규정이 통과됐다. 이 평가 가치는 부동산시장의 가치가 크게 증가하더라도 연간 최대 2%까지만 증가할 수 있다는 의미다. 이로 인해 주택 소유자는 신규 주택에 대해 더 높은 재산세를 내야 해서 집을 매도하지 못하는 등 의도치 않은 결과가 발생했다. 주택시장의 낮은 회전율은 가격을 상승시키는 요인으로 작용하기도 했다.

5 아름다운 자연환경과 살기 좋은 기후

캘리포니아는 사람들이 살기에 너무나 좋은 곳이기에 부동산 가격이 높은 측면도 있다. 캘리포니아의 온화한 기후는 에어컨이나 난방시설 없이도 살기 좋아 에너지 비용을 절감할 수 있고, 또 이곳의 다양한 지형과 드넓은 평야는 야외 활동을 위한 다양한 선택지를 제공하기에 값비싼 실내 편의시설이 상대적으로 덜 필요하다. 이 같은 아름다운 자연환경과 이상적 기후의 조합으로 캘리포니아는 더욱 살기 좋은 곳으로 알려져 주택 가격이 지속해서 상승하며, 생활비 또한 높은 편이다.

SECTION ❷ CALIFORNIA

눈여겨봐야 할 캘리포니아 부동산 투자 유망 도시

●● 긍정적 변화 예상되는 로스앤젤레스 카운티

로스앤젤레스 카운티(Los Angeles County)는 1850년에 설립됐다. 행정 중심지는 로스앤젤레스이고, 롱비치(Long Beach)·글렌데일(Glendale)·샌타클라리타(Santa Clarita)·퍼모나(Pomona)·토런스(Torrance)·엘몬티(El Monte) 등의 도시가 있다. 해안 쪽은 도시화된 곳이 많고, 내지 쪽은 사막이 있어 인구가 적다.

로스앤젤레스 주택시장은 캘리포니아 부동산 환경의 중추적 구성 요소이며, 고유한 트렌드와 역동성을 보여준다. 또 로스앤젤레스 주택시장은 중간 판매 가격에서 일관된 상승 궤적을 보여왔다. 이는 지속적 수요와 경쟁 환경을 갖춘 탄력적인 시장이라는 것을 시사하며, 잠재적으로 경제성장·고용 기회·라이프스타일 선호도와 같은 요인 등 복합적인 조합에 의해 촉진된다.

가격 상승에도 불구하고 로스앤젤레스 주택시장은 2022년에 비해 감소세를 보이고 있으며, 이는 남부 캘리

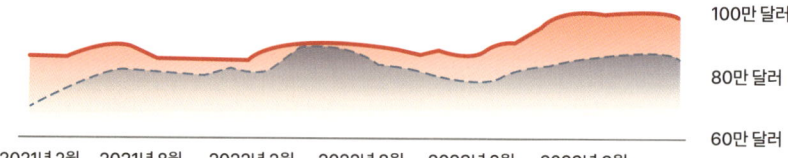

↑ 로스앤젤레스의 중간 주택 매물 가격은 100만 달러 선, 판매 가격은 80만 달러 선으로 시기에 따라 큰 부침 없이 일정한 시세를 보이고 있다.

↑ 캘리포니아주 로스앤젤레스 카운티 시내 풍경.

포니아 지역에서 관찰되는 광범위한 추세와 일치한다. 이러한 시장규모의 감소는 모기지 금리 상승 및 경제성 문제를 포함한 다양한 요인에서 기인한다.

하지만 향후 로스앤젤레스 부동산 시장은 완만한 속도이기는 하나 가격 측면에서 상승 궤적을 유지할 것으로 예상한다. 경제 안정, 정부 정책 정상화 및 금리 안정과 같은 요인이 이 궤적에 상당한 영향을 미칠 것이다. 구매자와 판매자는 이러한 요소를 면밀히 모니터링하고, 그에 따라 전략을 조정하는 것이 중요하다.

시장의 경쟁적 특성을 고려할 때 구매자는 현명하게 행동하고 잠재적 입찰 전쟁에 대비해야 하며, 판매자는 잠재적 구매자를 유치하기 위해 부동산 가격을 경쟁력 있게 책정하는 것이 좋다.

주택 가치가 1.4% 상승할 것이라는 예측을 고려할 때 로스앤젤레스 주택 시장은 회복과 성장의 조짐을 보이고 있다. 지난 한 해 동안 주택 가치가 약간 하락했지만, 전문가들의 예측에 따르면 2024년에는 가격이 상승할 것으로 예상되는 긍정적 변화가 있다. 이러한 예상은 잠재적 판매자에게는 유리한 전망이, 구매자에게는 경쟁적 시장이 펼쳐질 것으로 기대하게 한다.

로스앤젤레스 부동산시장은 투자자와 주택 소유자 모두에게 최고의 시장 중 하나로 간주된다. 게다가 미국 대도시 중에서는 비교적 저렴한 주택시장으로 인식되고 있다. 장기적으로 보면 로스앤젤레스 부동산에 투자하는 것은 현명한 투자의 일환이다. 로스앤젤레스는 훌륭한 장기투자 실적을 가지고 있기 때문에 높은 임대수익을 비롯한 투자 수익을 얻을 수 있다고 분석된다.

2020년 코로나19 팬데믹은 시장에 영향을 미쳐 임대료를 낮췄고, 주택 가격은 사상 최고치를 기록했다. 로스앤젤레스 부동산시장은 미국에서 가장 저렴하지는 않지만, 70만 달러 이상의 중간 가격을 감당할 수 있는 사람에게는 충분한 투자 기회가 있는 시장이다.

그러나 이 수치가 로스앤젤레스 부동산시장의 모든 부분에 적용되는 것은 아니다. 가격이 훨씬 저렴하고, 구매자 간 경쟁이 치열하지 않은 지역도 분명히 있다. 로스앤젤레스 부동산의 비교적 높은 평가 가치는 투자자들이 큰 수익을 실현할 수 있는 계기를 마련하기에 임대부동산에 투자하는 것도 선택지가 될 수 있다.

실제로 로스앤젤레스에는 여전히 임대 부동산 투자 기회가 많다. 이곳에는 임대아파트에 대한 강력하고 지속적인 수요가 있다. 이는 세입자 간의 치열한 경쟁, 임금 인상 및 좋은 경제적 환경에 의해 촉진된다. 따라서 임대 부동산에 투자한 사람들에게는 임대 수익을 올릴 수 있는 좋은 기회를 제공한다. 즉 로스앤젤레스 부동산시장의 좋은 현금 흐름은 이곳의 부동산 투자가 두말할 필요도 없이 수익성이 있다

↑ 캘리포니아주 로스앤젤레스 카운티 주택가.

는 것을 의미한다.

로스앤젤레스 임대 부동산을 소유하고 관리하는 데 드는 운영비는 높지 않아야 한다. 자산관리 회사를 고용하는 동안 그들이 관리하는 각 부동산에 대한 임대료의 약 10%를 운영비로 써야 한다. 새로운 임대 부동산을 매입하고자 한다면 이 비용을 반드시 고려해야 한다. 그리고 부동산 구매 시 가장 중요한 요소는 바로 위치다. 부동산이 어느 곳에 위치하느냐에 따라 수익률이 천차만별이기 때문이다.

대체로 로스앤젤레스의 부동산 가격은 전국 가격 평균보다는 높은 편이지만, 평균보다 낮은 가격이 형성된 지역의 부동산 투자는 지양하는 것이 좋다. 부동산은 경제활동이 활발하고 구매 수요가 높은 지역, 즉 가격이 높더라도 기본 편의시설 등 입지 조건이 탄탄해야 수익을 얻을 수 있기에 입지 조건을 잘 따져보고 투자에 나서야 한다.

결론적으로 로스앤젤레스는 비교할 수 없는 온화한 날씨, 따뜻한 해변, 훌륭한 대학교, 세계적 수준의 식당, 흥미진진한 밤 문화 등이 생활 터전으로서 가장 내세울 수 있는 장점이기에 세계의 투자자들이 주목하는 지역이며, 진보하는 도시의 이미지는 이곳을 가장 핫한 부동산시장으로 성장케 했다. 장기적 관점에서 부동산 가치 상승이 목적이든, 높은 임대수익이 목적이든 간에 로스앤젤레스 부동산시장은 투자가치가 충분하다고 판단된다.

●● 오렌지 카운티 부동산시장

오렌지 카운티(Orange County)는 남부 캘리포니아에 있는 카운티로, 남쪽으로 태평양과 접하고 있다. 1889년에 설립됐으며, 행정 중심지는 샌타애나(Santa Ana)다. 애너하임(Anaheim)·앨리소비에호(Aliso Viejo)·부에나파크(Buena Park)·데이나포인트(Dana Point)·러구나비치(Laguna Beach)·오렌지(Orange) 등의 도시가 있다.

특히 오렌지 카운티는 한국인이 가장 살기 좋아하는 지역으로 알려져 있는데, 비단 한국인뿐만 아니라 중국인이나 아랍인 등 다양한 민족이 어울려 사는 곳이다. 그렇다면 오렌지 카운티는 왜 세계의 많은 사람이 찾는 곳이 됐을까?

일단 이곳은 미국에서 가장 살기 좋은 도시가 모여 있기 때문이기도 하지만, 1년 내내 꽃이 필 정도로 온화하고 좋은 날씨와 환경, 그리고 학군이 좋고 주택 가격도 그렇게 비싸지 않다는 장점 덕분에 높은 투자가치를 인정받아 사람들이 눈여겨보는 곳이다. 또 어바인의 UC(University of California) 계열, UCI(University of California Irvine)가 있다는 것도 주변 도시를 많이 발전시키는 요소로 작용하고 있다.

오렌지 카운티에서 한국 사람들이 특히 관심을 가지고 있는 대표적 지역인 어바인(Irvine), 부에나파크(Buena Park), 풀러턴(Fullerton)의 부동산시장을 알아보자.

어바인 부동산시장

어바인(Irvine)은 1960년대에 민간 개발업체인 어바인 컴퍼니(Irvine Company)를 중심으로 건축가·지방자치단체·교육기관 등이 함께 참여해 건설한 계획도시다. 현재는 금융·문화·첨단산업·휴양·주거 등이 복합된 대표적 계획도시로 미국 내에서도 최상위의 소득수준, 낮은 범죄율, 높은 교육 수준, 다양한 문화시설, 그린벨트 등을 갖춘 살기 좋은 도시 중 하나로 손꼽힌다.

어바인은 오렌지 카운티 중에서도 주택시장 경쟁이 가장 치열한 곳으로, 2023년 부동산 가격은 2022년에 비해

↑ 캘리포니아주 오렌지 카운티 뉴포트비치 항구 일대.

9.1%나 상승했다. 어바인의 부동산 중간 판매 가격은 전국 평균보다 235%나 높고 생활비도 전국 평균보다 50% 이상 높지만, 이곳은 살기 좋은 곳으로 워낙 유명한 지역이라 여전히 투자 가치가 높은 곳이다.

어바인이 이토록 인기가 높은 이유로는 우선 높은 교육 수준을 들 수 있다. 이곳에는 일류 대학인 UCI를 비롯한 유수의 대학교가 있으며, 웨스트클리프 예비 아카데미(Westcliff Preparatory Academy), 퍼시픽 아카데미(Pacific Academy), 사립 유태인 비교파 커뮤니티 데이 스쿨(TVT Community Day School)을 비롯한 여러 상위 사립학교도 있어 자녀 유학지로도 널리 알려져 있다.

또 어바인은 여름이 따뜻하고 건조하며 구름 한 점 없는 하늘을 경험할 수 있는 반면, 겨울은 길고 시원하며 때때로 흐린 날씨를 보인다. 1년 내

↑ 캘리포니아주 오렌지 카운티 샌클레멘테 주택가.

내 온도는 47~82°F(약 8.3~27.8°C) 사이이며, 40°F(약 4.5°C) 미만의 극도로 낮은 온도와 90°F(약 32.2°C) 이상의 고온은 드물다. 온화한 지중해성기후는 인근 언덕에서 하이킹과 자전거 타기를 즐기거나 주변의 많은 해변 중 한 곳에서 휴식을 취할 수 있는 야외 활동에도 적합하다.

그리고 어바인은 다양한 산업 분야에서 수많은 직업의 기회를 제공하는,

어바인 중간 주택 매물 가격과 중간 주택 판매 가격

↑ 어바인은 현재 160만 달러 선에서 거래가 이뤄지고 있으며, 중간 주택 매물 가격과 판매 가격이 꾸준히 우상향하는 모습을 보인다.

SECTION ❷ CALIFORNIA

활력 있는 도시다. 번화한 경제와 다양한 인구로 인해 어바인은 비즈니스와 혁신의 허브가 돼 전 세계에서 최고의 인재를 유치하고 있다.

이처럼 어바인은 사람이 살기에 더할 나위 없이 좋은 환경이지만, 높은 생활비로 인해 경제력이 없으면 쉽게 진입할 수 없는 곳이기도 하다. 이곳의 생활비는 전국 평균보다 51% 높기 때문에 주민은 이 지역에서 상당한 재정적 어려움에 직면할 수 있다. 높은 비용의 주요 원인 중 하나는 오렌지 카운티의 주택 가격이 전국 평균보다 157% 치솟는 등 너무나도 뜨거운 주택시장 때문이다. 임대도 예외는 아니어서 어바인에 있는 침실 2개짜리 아파트의 평균 임대 비용은 월 4,345달러에 이른다. 또 캘리포니아의 많은 도시와 마찬가지로 어바인은 특히 러시아워가 매우 혼잡하다. 도심으로 출퇴근하는 경우 교통 지연에 대한 추가 시간을 고려해야 하며, 대중교통 시스템이 열악해 개인 차량에 크게 의존해야 한다.

만약 어바인에서 열정적인 밤 문화를 즐기고 싶다면 처음에는 약간 실망할 수 있다. 다른 큰 도시와는 다르게 어바인은 활기찬 클럽이나 나이트라이프가 활성화되지 않은 지역이다. 그러나 어바인을 조금 벗어난 뉴포트비치(Newport Beach)와 코스타메사(Costa Mesa) 같은 인근 도시에서는 나이트클럽과 라운지를 포함한 다양한 밤 문화를 경험할 수 있다.

전반적으로 어바인은 훌륭한 학교와 취업 기회가 많아 사람들이 살기에 매우 좋은 환경이다. 하지만 생활비가 많이 들고 도시교통 환경이 혼잡할 수 있기에 모든 사람에게 가장 적합한 곳은 아니다. 이곳에 부동산을 투자하기 전에 각각의 장단점을 신중히 고려해 접근하는 것이 바람직하다.

부에나파크와 풀러턴 부동산시장

부에나파크와 풀러턴은 오렌지 카운티 북쪽에 위치한다. 이 두 도시는 LA로 출퇴근하기 쉽고, 학군이 좋아 한국 사람들에게 인기가 높다. 또 주택 가격을 감당하지 못하는 사람도 아이들이 성장하면 학군과 관계없이 인근 도시에서 집 사이즈를 줄여 유입하는 경우도 많다.

부에나파크와 풀러턴은 서로 붙어 있는데, 오렌지 카운티에서는 드물게 높은 산이 있는 지역이다. 높은 지대에 위치해 뷰가 좋고, 뷰가 좋다는 것은 집 가격이 비싸다는 뜻이다. 사람이 많이 모이는 지역이다 보니 치안도 비교적 괜찮은 편이다.

↑ 미국 캘리포니아주 풀러턴 시내.

최근 부에나파크 부동산시장은 매우 뜨겁게 형성돼 있다. 평균 주택 가격이 81만 7,000달러로 작년 대비 2% 이상 상승했으며, 이곳의 중간 판매 가격은 전국 평균보다 94% 높은 수준이다. 부에나파크는 LA에서도 가까운 편이고, LA 공항도 30분 정도 거리다. 주택 가격도 풀러턴이나 세리토스(Cerritos) 등 주변 도시들보다는 싼 편이다. 사실 부에나파크는 풀러턴을 떠나서는 의미가 없고, 풀러턴 또한 부에나파크를 빼고는 생각할 수 없다.

부에나파크는 한인 상권이 발달했으며, 유명한 장소도 많이 있다. 어린이 테마파크인 '너츠 베리 팜(Knott's Berry Farm)', '로스 카이오츠 컨트리 클럽(Los Coyotes Country Club)' 외에 대형 쇼핑몰 '더 소스(The Source)'도 부에나파크에 있다. 한인 상가는 비치 불러바드(Beach Boulevard)와 멜버른(Melbourne)을 위주로 엄청난 발전을 해왔고, 현재도 진행 중이다. 비치 불러바드를 따라 새로 지어진 상가들은 대부분 한국 사람이 오너일 정도로 한국인이 많다. 이곳은 한인이 많은 풀러턴과 세리토스, 라팔마(La Palma) 등에 둘러싸인 상업의 요지로 일반 리테일 상점도 활기가 넘친다.

부에나파크와 인접한 풀러턴도 주택시장이 매우 뜨거운 편이다. 2023년 이곳의 부동산 중간 판매 가격은 97만 9,000달러로 전국 평균보다 132% 높다. 전체적으로도 전국 평균보다 50% 이상이다. 풀러턴은 중위 소득이 약

8만 달러로 어바인보다 2만5,000달러 낮지만, 어바인이 미국 전역에서 최상위 수준인 것을 감안하면 풀러턴의 소득수준은 무시할 수 없는 정도다.

풀러턴은 특히 한국 사람들이 사랑하는 지역인데, 캘리포니아주에서 LA와 어바인 다음으로 한인이 많이 거주하는 곳이다. 풀러턴이 인기가 높은 이유 중 하나는 바로 코리아타운과의 접근성 때문이다. 자동차로 약 30분 거리에 LA 코리아타운이 있고, 샌디에이고와 시애틀을 잇는 메인 도로(I-5 N 도로) 경로에 있으며, 이 메인 도로는 캘리포니아 모양 그대로 관통하는 도로라 활용도가 매우 높다.

또 풀러턴에는 국제 바칼로레아(International Baccalaureate, IB) 프로그램을 운영하는 수많은 국제학교가 있어 전 세계 학생들과 밀접한 교류가 가능하므로 어바인과 더불어 우수한 학군으로 손꼽힌다. 이러한 장점이 사람들을 풀러턴으로 유입케 하는 요인으로 작용하며, 부동산시장의 활성화를 뒷받침하고 있다.

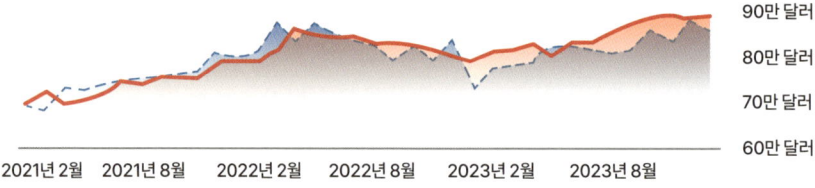

부에나파크 중간 주택 매물 가격과 중간 주택 판매 가격

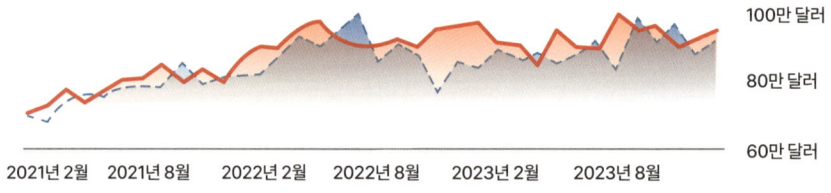

풀러턴 중간 주택 매물 가격과 중간 주택 판매 가격

↑ 부에나파크와 플러턴의 주택 가격은 비슷한 가격대를 형성하는 것을 알 수 있다. 시기에 따라 부침이 있지만, 두 지역 모두 중간 주택 매물 가격과 판매 가격은 우상향하고 있다.

🏠 미국 주요 도시의 주거비 및 주거 환경 비교

다음 표는 한국인이 주목하는 부동산 투자지의 주거 환경 정보다. 지역별로 주택 가격의 차이도 크고, 재산세나 월 임대료도 천차만별이다. 주택 가격이 높은 지역도 주택 유형이나 입지 조건에 따라 가격 편차가 크기에 투자 금액별 다양한 선택지가 있음을 알 수 있다.

주요 도시	중간 주택 가격	재산세율	재산세	가구당 중간 소득	월 임대료
조지아주 애틀랜타	45만2,700달러 (약 6억 원) ~ 46만9,800달러 (약 6억2,000만 원)	0.92%	4,165달러 (약 550만 원) ~ 4,322달러 (약 570만 원)	13만3,000달러 (약 1억8,000만 원)	1,589달러 (약 210만 원) ~ 1,799달러 (약 240만 원)
텍사스주 댈러스	40만 달러 (약 5억3,000만 원) ~ 72만3,800달러 (약 9억5,000만 원)	1.80%	7,200달러 (약 950만 원) ~ 1만3,028달러 (약 1,720만 원)	13만805달러 (약 1억7,200만 원) ~ 23만9,833달러 (약 3억1,700만 원)	1,497달러 (약 200만 원)
캘리포니아주 어바인	78만7,817달러 (약 10억 원) ~ 142만6,569달러 (약 18억 원)	0.76%	6,000달러 (약 800만 원) ~ 1만842달러 (약 1,430만 원)	12만6,900달러 (약 1억6,000만 원) ~ 12만9,774달러 (약 1억7,000만 원)	2,608달러 (약 340만 원) ~ 3,104달러 (약 410만 원)
뉴저지주 버건 카운티	48만9,600달러 (약 6억5,000만 원) ~ 85만8,900달러 (약 11억3,000만 원)	2.49%	1만2,191달러 (약 1,600만 원) ~ 2만1,387달러 (약 2,820만 원)	10만9,497달러 (약 1억450만 원) ~ 17만9,833달러 (약 2억4,000만 원)	1,637달러 (약 216만 원) ~ 2,985달러 (약 400만 원)
뉴욕주 뉴욕	160만 달러 (약 21억2,000만 원)	1.72%	2만7,520달러 (약 3,600만 원)	22만6,551달러 (약 3억 원)	3,500달러 (약 460만 원)

U.S. TAX

미국 부동산 투자가 매력적인 이유 중 하나는 바로 세금이다.
다주택자의 부동산 세금에 대한 부담이 크지 않고 취득세와 종합부동산세가 없어
투자에 유리하게 활용할 수 있다. 다만 주마다 부과하는 세금이 다르기 때문에
올바른 이해가 필요하다. 이번 섹션에서는 취득부터 보유, 처분에 이르기까지
단계별로 수반되는 미국 부동산 세금을 정리했다.

SECTION 3

> 알아두면 쓸모 있는
> 미국 부동산 용어

⊙ 주택담보인정비율
(Loan To Value Ratio)
LTV라고도 한다. 주택을 담보로 돈을 빌릴 때 인정되는 자산가치의 비율을 말한다.

⊙ 주민발의안 60·90
(Proposition 60·90)
집 소유자가 55세 이상일 때 기존 보유세율을 새로 구매한 집에 적용해주는 법.

⊙ 주민발의안 13
(Proposition 13)
보유세 상승률을 지난해의 최대 2%로 제한하는 법.

⊙ 1031 익스체인지
(1031 Exchange)
주택을 처분한 후 금액이 같거나 더 비싼 주택을 취득하는 경우 새로 취득한 주택을 처분할 때까지 양도소득세 납부를 이연할 수 있도록 해주는 제도.

⊙ 특별산정세
(Special Assessment Tax)
지방정부에서 시행하는 인프라 건설로 인해 추가로 부과하는 세금.

SECTION ❸ U.S. TAX

미국 부동산 세금과 절세 전략

취득부터 처분까지 미국 부동산 주요 세금

●● 한국의 다주택자, 미국 부동산 세금 제도에 끌리다!

최근 미국 부동산 구입에 대한 관심이 높아지면서 한국에 있는 부동산을 처분하고 미국 부동산에 투자하려는 사람들이 늘고 있다. 특히 자녀가 미국에서 유학 중인 경우에는 비싼 렌트비를 절약하기 위해 아예 미국에 집을 구입하는 것을 고민하는 사람도 많다. 미국 부동산을 매입해두면 집값 상승에 따른 수익 창출에 대한 기대감이 크기에 임대보다는 투자나 실거주 목적으로 미국 부동산시장에 진출하기도 한다. 한국과 달리 미국 부동산은 만성화된 공급 부족 현상으로 꾸준히 시장 가격이 우상향하고 있어 안정적인 투자지로 각광받고 있다.

특히 한국은 다주택자의 부동산 세금에 대한 부담이 매우 크기 때문에 투자자들이 해외 부동산으로 눈을 돌리고 있으며, 미국은 취득세와 종합부동산세가 없는 데다 매수자의 주택 보유 수와 상관없이 부동산 세금을 부과해 국내 부동산 투자자들에게 좋은 대안으로 떠오르고 있다.

그러나 아무래도 한국과 미국은 각종 세금 제도가 많이 다르고, 부동산의 경우에는 기본적으로 세금 부담이 크기에 미국 부동산 투자를 쉽게 결정하지 못하는 측면도 있다. 한국은 세금 구조 자체는 단순하지만, 세율 면에서는 기준과 정책이 부동산시장 상황에 따라 매우 유동적인 탓에 미국 부동산 세금도 그럴 것이라는 오해를 하곤 한다.

하지만 미국은 한국보다 부동산 관련 세금을 이해하기 쉬운 편이다. 다만 주(State)마다 부과하는 세금이 약간 다른데, 이 문제는 어차피 미국 부동산 투자를 할 때 전문가의 도움을 받아야 하기에 크게 걱정할 필요는 없다.

한국은 다주택자에게 취득세와 재산세 등 부동산과 관련한 대부분의 세금에서 1주택자보다 높은 세율을 적용한다. 하지만 미국은 다주택자라도 추가 세금 부담이 없다. 무주택자가 첫 집을 매입하든 3주택자가 네 번째 주택을 매입하든 적용하는 세금이 똑같다. 다만 캘리포니아 지역의 부동산 보유세는 1.05~1.2% 수준이다. 미국은 실제 시세를 기준으로 세금을 매기기 때문에 보유세가 비교적 높은 편이지만, 한국과 같은 종합부동산세는 없다.

그리고 한국은 과열화된 부동산시장으로 대출 규제가 심한 반면, 미국은 한국보다 대출 규제가 덜하다는 것도 큰 장점이다. 외국인이 미국 부동산을 살 때 최대 주택담보인정비율(LTV) 65%까지 대출이 가능하다. 물론 수백만 달러 이상의 고가 주택을 살 때는 LTV가 다소 줄어들 수 있지만, 100만 달러 이하의 주택을 살 때는 최대 LTV 65% 정도는 가능하다.

다만 오른쪽 표에서도 확인할 수 있듯 미국은 한국의 재산세에 해당하는 보유세가 높은 편이다. 하지만 시세가 매년 10% 넘게 올라도 보유세 과세 기준 상승 폭은 최대 연 2%로 제한된다. 가령 100만 달러의 부동산을 소유하면 첫해에는 약 1만 달러의 재산세가 부과되지만, 10년 후 시세가 200만 달러가 돼도 재산세 부담은 약 20%만 늘어난다. 오랜 기간 거주할수록 보유세 부담이 낮아지는 셈이다.

그뿐 아니라 부동산을 소유한 기간이 늘어날수록 보유세 부담이 낮아지는 데다 추가로 주민발의안 60·90(Proposition 60·90) 등을 통해 새로 구입한 부동산 가치로 재산정하지 않고 원래 거주하던 주택의 재산세를 그대로 적용하는 세법도 재산세 부담을 크게 낮춰준다.

미국 기준금리 추이

한국 🇰🇷	부동산 세금	미국 🇺🇸
1~13.4%	취득세 (매수)	취득세 없음 (주에 따라 등록세 등이 있음)
재산세 0.1~0.4% 종합부동산세 0.5~2.7%	보유세 (보유)	재산세 1~2% (종합부동산세 없음)
6~45% (12억 원 초과분에 대해)	양도소득세 (매도)	15~20% (1년 이상 장기보유 시)

SECTION ❸ U.S. TAX

양도소득세(이하 양도세)는 미국인의 경우 미국 주택을 1년 미만의 기간만 보유하고 팔면 양도세율이 10~37%, 1년 이상 보유하고 팔면 0~20% 수준이다.

하지만 부담이 될 수 있는 양도세도 투자 목적의 부동산이라면 미국 세법 제1031조항의 '1031 익스체인지(1031 Exchange: 1031 부동산 교환)'를 이용해 양도차익이 발생한 부동산이라 할지라도 세금을 이연할 수 있는 방법이 있다. 1031 익스체인지는 뒤(113p)에서 자세히 알아보도록 하자.

●● 미국 부동산 단계별 세금, 한 번에 정리

1 | 취득 단계

미국은 한국과 달리 취득세에 해당하는 세금은 없지만, 신규 주택에 한해 부동산 '거래세(Transfer Tax)'를 매수자가 부담한다. 일반적으로 매도자가 부담하는 세금이지만, 신규 주택에 한해 취득 시점에 매수자가 부담하는 것이다.

거래세는 부동산 거래 가격에 거래세율을 곱해 산정하는데, 주와 카운티에 따라 거래세율이 다르지만 대부분 1% 미만이다. 캘리포니아 전 카운티에 공통으로 적용되는 기본 거래세율은 0.11%이고, 샌프란시스코 등 일부 시에서는 추가 거래세(0.11~1.5%)를 부과한다.

2 | 보유 단계

미국 부동산을 보유하게 되면 한국에 거주하더라도 미국에 '재산세(Property Tax)'를 납부해야 한다. 재산세는 취득가액 또는 취득 시점의 감정가액에 재산세율을 곱해 산정한다. 캘리포니아에서는 취득 가격이 과세 평가액(Assessed Value)이 되며, 과세 평가액에 재산세율을 곱해 재산세를 산출한다. 미국 부동산의 세금 부과 기준은 한국처럼 공시지가가 아니다.

미국에서는 실제 주택 가격을 철저히 조사해 세금을 부과한다. 만약 미국의 집을 리모델링했다면 주택 가치가 높아진 것으로 판단해 세금이 올라간다.

캘리포니아의 재산세율은 대략 1.2%인데, 이는 캘리포니아 전 카운티에 공통으로 적용하는 기본세율(General Tax Rate) 1%에 본인이 보유한 주택 소재지의 공공시설(학교, 도서관, 안전시설 등)을 운영하기 위한 지방세율(Local Tax Rate) 약 0.2%(지역에 따라 0.1~0.3% 정도)를 더한 것이다. 주민발의안 13(Proposition 13)이라는 주법에 의해 재산세율을 마음대로 인상할 수 없고(기본세율은 1%가 한도이며, 지방세율 인상은 주민투표가 필요), 과세 평가액도 매년 2%까지만 올릴 수 있기 때문에 재산세는 오르더라도 아주 조금씩만 오른다.

보유세와 관련해 투자자들은 기본적인 재산세와 별도로 특별개발세(Special Assessment Tax)가 부과되는 주택인지 살펴보아야 한다. 새로운 주택단지를 개발할 때 공공시설을 조성하고자 먼저 시에서 채권을 발행해 개발 비용을 충당하고, 이후 약 20~40년간(채권 만기에 따라 다름) 해당 단지의 주택 보유자에게 특별개발세라는 명목으로 이 비용을 지불하게 한다.

캘리포니아에는 멜로루스 세금이라는 특별개발세가 있는데, 이 세금이 적용되는 주택 보유자는 주택 가격의 약 0.3~0.8%를 기본 재산세에 추가해 부담한다. 캘리포니아에서도 한인에게 인기가 높은 어바인시는 상대적으로 신축 단지가 많아 멜로루스 세금이 부과될 가능성이 높다.

이처럼 미국은 종합부동산세가 없지만, 한국보다는 현실적인 방식으로 주택 가격을 반영해 재산세를 부과하고 있다. 미국에서 보유세 항목은 재산세뿐인데, 미국의 재산세는 50개 주는 물론 수십 개의 카운티마다 과세표준과 세율이 다르다.

미국의 서부와 남부 지역은 재산세율이 낮은 편이고, 텍사스·캔자스·일리노이·위스콘신 등 미국의 중부와 뉴저지·뉴햄프셔·메사추세츠 등 일부 동부의 주들은 재산세율이 높은 편이다. 주요 주의 재산세 실효세율은 아래와 같다.

주요 주의 재산세 실효세율(effective tax rate)

실효세율 기준 순위
실효세율(%)
2022년 기준

순위 / 주	실효세율
1위 / 뉴저지	2.49%
2위 / 일리노이	2.27%
3위 / 뉴햄프셔	2.18%
6위 / 위스콘신	1.85%
7위 / 텍사스	1.80%
9위 / 뉴욕	1.72%
36위 / 캘리포니아	0.76%
39위 / 애리조나	0.66%
49위 / 콜로라도	0.51%
51위 / 하와이	0.28%

SECTION ❸   U.S. TAX

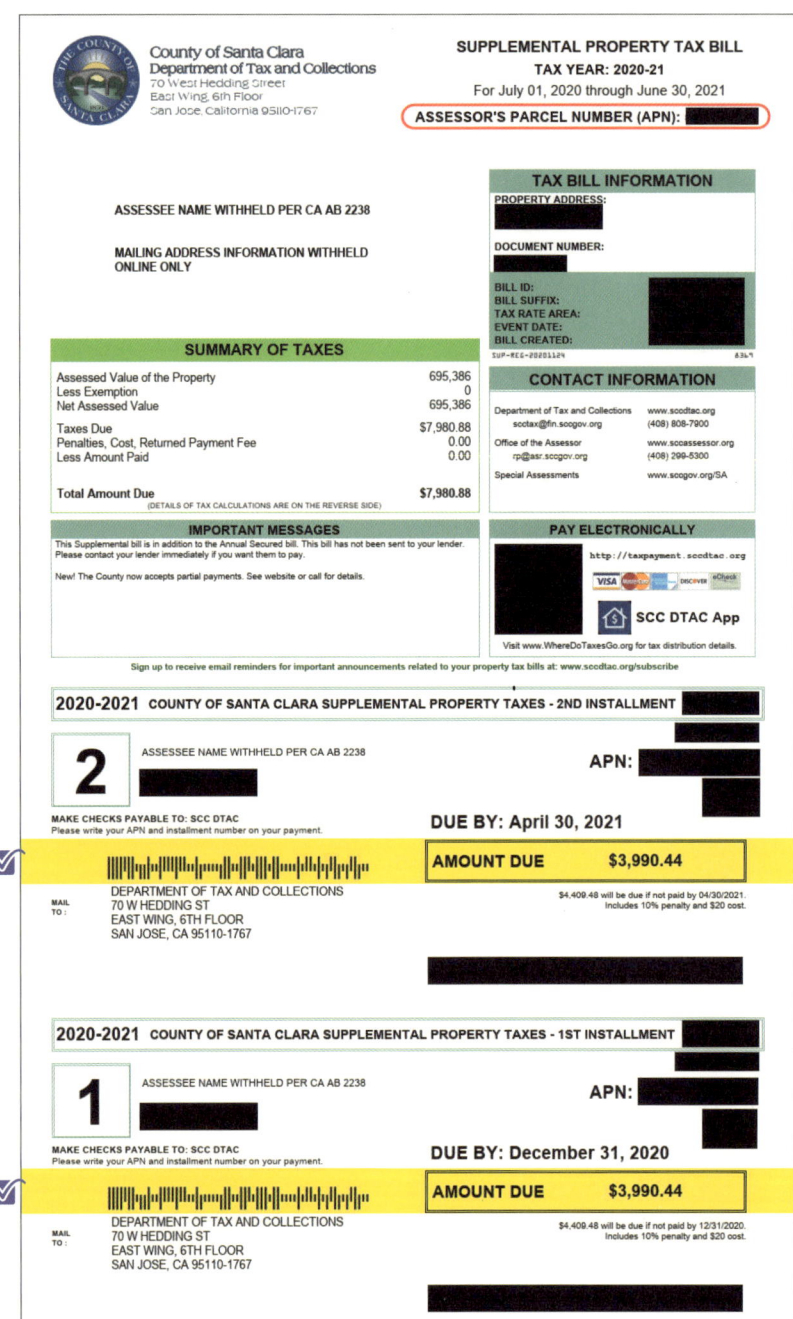

미국은 재산세를 1년에 두 번 납부한다. 카운티에 따라 차이가 있지만, 일반적으로 고지서는 한 번 발송되고 거기에 납부해야 할 재산세 2종이 함께 부과된다. 납세자들은 납입 기간 전에 부과된 재산세를 납부하면 된다.

↑ 미국 재산세 예시.

미국 부동산을 취득한 후 거주하지 않고 임대해 임대소득이 발생하면 한국에 거주하고 있더라도 미국에 연방 및 주 소득세(Income Tax)를 납부해야 한다. 소득에 따라 연방 소득세율은 10~37%, 캘리포니아주 소득세율은 1~13.3%다. 참고로 워싱턴, 텍사스, 플로리다를 비롯한 7개 주는 주 소득세가 없다.

> **캘리포니아에는 멜로루스 세금이라는 특별개발세가 있는데, 이 세금이 적용되는 주택 보유자는 주택 가격의 약 0.3~0.8%를 기본 재산세에 추가해 부담한다.**

소득 구간별 재산세율표

개인 보고 (Single)	부부 합산 보고 (Married Filling Jointly)	부부 별도 보고 (Married Filling Separately)	세대주 보고 (Head of Household)	세율
0~11,000	0~22,000	0~11,000	0~15,700	10%
11,001~44,725	22,001~89,450	11,001~44,725	15,701~59,850	12%
44,726~95,375	89,451~190,750	44,726~95,375	59,851~95,350	22%
95,376~182,100	190,751~364,200	95,376~182,100	95,351~182,100	24%
182,101~231,250	364,201~462,500	182,101~231,250	182,101~231,250	32%
231,251~578,125	462,501~693,750	231,251~346,875	231,251~578,100	35%
578,126~	693,751~	346,876~	578,101~	37%

단위 달러, 2023년 연방 소득세 기준

SECTION ❸   U.S. TAX

🔖 소득세 신고 양식

소득세 신고 양식에서 미국 거주자용(Form 1040)과 비거주자용(Form 1040-NR)의 대부분 항목은 비슷하다. 거주자는 기본공제(Standard Deduction)가 가능하지만, 비거주자는 항목별 공제(Itemized Deductions)만 가능하다.

> 소득세 신고 양식 첫 페이지에는 공제받을 수 있는 항목과 오른편에 공란이 있다. 자신에게 해당하는 항목이 있으면 오른쪽에 공제 금액을 쓰면 된다. 가령 거주자인 경우 표준 공제는 12번 항목 오른편에, 비거주자는 항목별 공제 총액을 오른편에 기입하면 된다.

↑ 미국 소득세 신고 양식. Form 1040(미국 거주자용).

소득세 신고 양식 첫 페이지에는 공제받을 수 있는 항목과 오른편에 공란이 있다. 자신에게 해당하는 항목이 있으면 오른쪽에 공제 금액을 쓰면 된다. 가령 거주자인 경우 표준 공제는 12번 항목 오른편에, 비거주자는 항목별 공제 총액을 오른편에 기입하면 된다.

> 항목별 공제는 세법상 규정된 금액이 아닌, 실제 발생한 비용을 기준으로 공제하는 방법이다. 항목별 공제에는 의료비, 각종 세금, 모기지 이자, 재해 손실, 기부금 명목 등이 있다.

↑ 미국 소득세 신고 양식. Form 1040-NR(미국 비거주자용).

3 | 처분 단계

미국에서도 한국과 마찬가지로 부동산이나 주식을 양도하고 차익이 생기면 양도세(Capital Gains Tax)를 내야 한다. 해외투자자는 양도에 따른 차액의 30% 안팎을 내야 하지만, 1031 익스체인지를 활용하면 양도세를 이연할 수 있다.

양도세율은 보유 기간과 소득수준에 따라 달라진다. 양도 자산을 1년 이하로 보유하다 처분해 발생한 소득은 단기 양도소득(Short-Term Capital Gains, STCG)으로 분류하고, 보유 기간이 1년 이상인 자산을 처분해 발생한 소득은 장기 양도소득(Long-Term Capital Gains, LTCG)으로 분류한다. 당연히 자산을 1년 이상 보유한 후 매도해야 양도세율이 더 낮다.

미국의 양도세 계산은 한국보다 간단하다. 당해 연도에 양도한 자산(주식이나 부동산 등)을 STCG와 LTCG로 나눠 양도차익과 손실 총합을 구하고, 여기에 세율을 적용해 계산한다. STCG는 일반 소득과 합쳐 일반세율(귀속 연도가 2023년인 경우 10~37%)을 적용해 세액을 계산한다. 일반적으로 LTCG에 적용되는 세율은 최고 20%다. 즉 어느 고소득자의 일반 소득에 적용되는 최고세율이 37%라 하더라도 그 납세자의 LTCG에 적용되는 일반세율은 20%라는 것이다.

또 일반 소득세율이 10~12%인 납세자는 LTCG에 대해 거의 대부분 면

소득 구간별 일반 소득세율표

소득 구간주		일반 소득세율
개인	부부 합산 보고	
0~11,000	0~22,000	10%
11,001~44,725	22,001~89,450	12%
44,726~95,375	89,451~190,750	22%
95,376~182,100	190,751~364,200	24%
182,101~231,250	364,201~462,500	32%
231,251~578,125	462,501~693,750	35%
578,126~	693,751~	37%

단위 달러, 2023년 기준

소득 구간별 LTCG 세율표

소득 구간		LTCG 소득세율
개인	부부 합산 보고	
~44,625	~89,250	0%
44,626~492,300	89,251~553,850	15%
492,301~	553,851~	20%

단위 달러, 2023년 기준

세 혜택이 주어진다. 즉 일반 소득세율이 12% 이하인 납세자는 이 기간 동안 LTCG에 대해 소득세를 거의 납부하지 않는다. 다만 납세자의 LTCG가 일반 소득과 비교해 12% 이상의 세율층이라면 그 LTCG에 대해서는 다른 소득이 없어도 15%나 20%의 세금을 납부해야 한다.

아래의 표를 보면 알 수 있듯 일반 소득세율에 대한 소득 구간과 LTCG 세율에 대한 소득 구간은 조금 차이가 있다.

한국인의 대표적 미국 부동산 투자지인 캘리포니아와 뉴욕의 양도세를 비교해보자. 캘리포니아와 뉴욕은 각각 독자적인 주택 세법이 있어 매도 시 발생하는 세금이 다를 수 있다. 다음 예시는 20만 달러에 구매한 부동산을 5년 후 130만 달러에 매도한 경우로, 양도차익은 110만 달러이고 이에 대한 연방정부의 예상 양도세액이다. 부동산 소재지에 따라 주 소득세가 발생할 수 있는데, 캘리포니아와 뉴욕에서 예상되는 소득세액은 다음과 같다.

예시

↳ 부동산 가치: 130만 달러
↳ 기초 매수 금액(Adjusted Basis): 20만 달러
↳ 보유 기간: 5년
↳ Filing Status: Married Filing Separately(세율 보고 형태: 부부 별도 보고)

구분	연방정부(Federal)	캘리포니아	뉴욕
판매 가격	1,300,000	1,300,000	1,300,000
매수 가격	200,000	200,000	200,000
양도차익	1,100,000*	1,100,000*	1,100,000*
주택 양도세율**	최대 20%	일반적으로 최대 13.3%(2023년 기준)	최대 10.9% (2023년 기준)
세금	215,906	117,576	88,753

단위 달러
* 부동산 실거주 기간이 매도 시점 기준 5년 중 2년 이상인 경우 양도차익에서 25만 달러 공제 가능 (부부 합산 보고의 경우 50만 달러)
** 주는 장기 양도소득세율을 적용하지 않고 일반 소득세율로 과세함

SECTION ❸ U.S. TAX

✳️ 부동산 투자 형태 비교

한국인이 미국 부동산을 투자 목적으로 소유하는 방법은 크게 세 가지로 나눌 수 있다.

1️⃣ 개인 소유(Direct Ownership)

개인 소유는 가장 간단한 방법으로, 개인이 직접 부동산을 취득하고 관리하는 방식이다. 법인을 세우지 않고 절차를 진행하기에 구매가 용이하다. 다만 부동산과 관련한 법적 책임이나 손해가 발생할 경우 투자자의 개인 재산도 손해를 입을 수 있다. 또 외국인 부동산 투자세법(Foreign Investment in Real Property Tax Act, FIRPTA)이 있어 외국인 투자자가 미국 부동산을 매각할 때 매각 대금의 일정 비율을 세금으로 유보해야 한다(일반적으로 매각 대금의 10%).

2️⃣ 미국 법인(C Corporation) 소유

미국 법인(C 주식회사) 소유는 법인을 설립해 부동산을 취득하고 관리하는 방식이다. 법인은 개인과 달리 별도의 법인격을 갖기 때문에 부동산과 관련한 법적 책임이나 손해는 법인에 귀속된다. 따라서 개인 재산은 보호받을 수 있는 장점이 있다. 다만 설립 및 관리 비용이 들어가고, 법인 운영에 대한 지식이 필요하다.

3️⃣ 미국 법인(LLC) 소유

미국 법인(LLC) 소유는 법인과 개인의 중간 형태다. LLC는 유한책임회사(Limited Liability Company)의 약자로, 법인과 마찬가지로 별도의 법인격을 갖지만 소득 및 세금은 개인 귀속과 법인 귀속 중 선택할 수 있다. 즉 개인 소유와 법인 소유의 장단점을 보완한 형태라고 할 수 있다. 법인(C Corporation)과 마찬가지로 투자자의 개인 재산을 보호할 수 있다.

따라서 투자자는 자신의 투자 목적과 상황에 맞는 방법을 선택하는 것이 중요하다.

투자 형태별 비교

개인

- 무한책임
- 개인소득세 신고
- 단독 운영 구조

장점
1. 임대소득에 대한 이중과세 ✕
2. 미국 납부세액 공제 ○

단점
1. 무한책임
2. 계약 성사 후 잔금 송금 가능
3. 공동명의로 취득 불가
4. 동종 자산 교환으로 세금이연을 하더라도 한국에서 과세

법인(C Corporation)

- 유한책임
- 법인소득세 신고
- 이사 및 임원회 운영 구조

장점 한국과 미국 모두 동종 자산 교환을 통한 양도소득 과세이연 가능

단점
1. 임대소득에 대한 이중과세
2. 법인 설립 및 유지 비용

법인(LLC)

- 유한책임
- 개인소득세 및 법인소득세 신고
- 구성원 및 관리자 운영 구조

장점
1. 유한책임
2. 해외 직접투자 신고
   (계약 성사 전 송금 가능)
3. 지분 투자 용이
4. 개인소득세와 법인소득세 중 선택 가능(5년 이후 변경 가능)

단점 설립 이후 펀딩이 어려움

미국의 부동산 관련 세금인 취득세, 보유세, 양도세를 간단히 살펴봤다. 미국은 부동산 소유 주체가 개인이냐 법인이냐에 따라 적용되는 세율이 다를 수 있고, 한국 거주자라면 취득·보유·처분 단계별로 한국 또는 미국에 신고하고 세금을 내야 한다. 간단한 예시를 통해 미국 부동산에 투자할 경우 세금을 어떻게 처리하는지 살펴보자.

아래 표는 소유한 부동산에 임대소득이 있을 때 납부해야 하는 보유세 및 소득세에 대한 사항과 양도할 경우 발생할 수 있는 세금이다. 1031 익스체인지는 양도세를 유예해주는 제도로, 개인으로 세금 보고를 할 경우 미국에서는 양도세가 유예되나 한국에는 과세가 되기 때문에 이 제도를 통해 절세할 수 없다.

하지만 법인으로 세금을 보고할 경우에는 양도세를 유예할 수 있는 장점이 있다. 1031 익스체인지는 113p에서 자세히 알아보자.

조건
- 부동산 취득가액 200만 달러
- 총 3년 보유
- 양도가액 300만 달러
- 한국에서 다른 소득 없음
- 부동산은 캘리포니아주 어바인 소재
- 매년 임대소득 10만 달러 발생

*환율 1,000원으로 계산

		한국 세금	미국 세금 (개인)	한국 세금	미국 세금 (법인 취득)
취득세·보유세	취득세	-	-	-	-
	종합부동산세	-	-	-	-
	재산세	-	15,800,000	-	15,800,000
	임대소득세 (외국 납부세액 공제)	-	23,406,000	-	29,840,000
	합계	-	39,206,000	-	45,640,000
양도소득세	양도소득세+지방소득세	118,533,000	275,652,000	300,600,000	298,400,000
	1031 익스체인지 세금이연	421,905,000	Tax Derred (세금이연)	300,600,000	Tax Derred (세금이연)

단위 원

SECTION ❸   U.S. TAX

미국 부동산 투자 시 놓쳐서는 안 될 신고 의무

미국 부동산 투자에는 여러 세제 혜택이 있지만, 해외 부동산을 취득하는 과정에서 발생하는 신고 및 보고 절차가 번거로울 뿐만 아니라 세금 문제도 복잡하게 느껴질 수 있다.

물론 본격적 투자 전에 대개 해외 부동산 투자 컨설팅이나 투자 플랫폼 등을 통해 모든 부동산 투자 관련 프로세스에 대한 서비스를 받을 수 있지만, 신고나 보고 의무를 놓치게 되면 국세청 등 공적 기관의 조사 대상이 될 수 있으니 투자자 본인도 그 절차를 제대로 알고 있는 것이 중요하다.

한국 거주자가 미국 부동산을 취득할 때 신고 및 보고 의무 그리고 세금 신고 및 납부 의무와 관련해 놓쳐서는 안 될 주요 사항을 알아보자.

미국 부동산 취득 시

미국 부동산 취득 신고는 목적에 따라 주거용과 단순 보유 및 투자용 두 가지로 분류된다. 주거용은 본인이나 배우자가 해외에서 2년 이상 체류할 목적으로 구입하는 경우다. 주거용이든 투자용이든 구입 목적은 다르지만 실제 신고하는 서류나 절차는 큰 차이가 없다.

부동산 매매계약이 확정되기 전에 취득 예정 금액의 10% 이내(최대 20만 달러)에 대해 외국환은행에 예정신고를 거쳐 해외로 송금할 수 있다. 이후 정식 신고가 수리되면 부동산 취득 대금을 송금하고, 3개월 이내에 해외 부동산 취득 보고서를 외국환은행에 제출해야 한다.

만약 부동산을 처분하게 되면 3개월 이내에 외국환은행에 처분 보고서를 제출해야 하며, 별다른 변동이 없더라도 2년마다 부동산을 계속 보유하고 있다는 사실 입증 서류를 제출해야 한다.

해외 부동산 취득 보고서	부동산 취득 대금 송금 후 3개월 이내 제출
해외 부동산 처분(변경) 보고서	부동산 처분(변경) 후 3개월 이내 제출
부동산의 계속 보유 사실 입증 서류	신고 수리일 기준 2년마다 제출

미국 부동산 취득 체크리스트

신고자	거주자
송금 한도	제한 없음
부동산 취득 명의인	신고인 본인 또는 신고인의 배우자

은행 제출 서류

- 해외 부동산 취득 수리(신고)서 2부
- 부동산 매매계약서 (매매 조건이 명시된 가계약서 포함) 1부
- 매도인의 신분 확인 서류 각 1부
- 부동산 감정평가서
- 2년 이상 체재할 목적임을 입증할 수 있는 해외 장기 체류 비자 등의 서류 1부
- 납세증명서 1부
- 주민등록등본 1부
- 현지 금융기관으로부터 모기지론을 받을 경우 부동산 담보대출 관련 서류
- 부동산 개인 자격증 등 대리인 자격 입증 서류 1부

외국환은행에 제출할 서류에는 해외 부동산 취득 보고서, 매도인의 신분 확인 서류, 부동산 매매계약서, 납세증명서 등이 필요하다.

이 같은 신고를 누락하면 막대한 과태료가 부과될 수 있다. 특히 자녀 유학 경비로 송금한 돈으로 부동산을 취득하거나 신고 내용과 다르게 부동산을 취득하면 안 된다.

해외 부동산 취득 자금을 다른 명목으로 분산 송금하는 경우에도 국세청의 조사를 받을 수 있다. 그래서 자금을 분산 송금하는 것은 위험할 수 있다. 또 해외에 거주하는 배우자의 명의로 부동산을 구입하더라도 그 자금 원천이 국내에 거주하는 배우자인 경

우 또한 신고 대상이 된다는 점도 알아야 한다.

한국 거주자의 부동산 세금 관련 의무
만약 세법상 한국 거주자라면 미국 부동산과 관련한 세금을 모두 납부했더라도 한국 국세청에 별도로 신고·납부하는 것을 잊으면 안 된다. 미국 부동산 취득 단계에서는 신고·납부할 것이 없다. 다만 미국 부동산 취득가액이 2억 원 이상이라면 다음해 6월말까지 '해외부동산 취득·보유·투자운용(임대) 및 처분 명세서'를 부동산 취득계약서·등기부등본과 함께 관할세무서에 제출해야 한다.

만일, 취득한 부동산을 개인사업장으로 사용한다면 '해외영업소 설치현황표'도 함께 제출해야 한다. 해외에 보유한 부동산은 세대당 주택 수 계산에 포함되지 않기 때문에 종합부동산세 등 국내 보유세에 영향을 주지 않으며, 국세청에 별도로 신고·납부할 보유세도 없다. 미국 부동산을 취득한 후 임대 사업을 통해 소득이 발생했다면 임대소득이 발생한 다음 해 5월 종합소득세 신고·납부를 해야 한다.

또 미국 부동산을 처분해 양도소득이 발생했다면 양도일이 속한 달의 말일부터 2개월 이내에 양도세 예정신고 및 납부를 해야 한다. 임대소득과 양도소득 모두 미국에 납부한 세금에 대해서는 외국 납부세액 공제를 받을 수 있으므로 한국에 세금 신고·납부 시 미국에 이미 납부한 세금만큼은 차감받을 수 있으나 한국의 세율이 높다면 차액만큼 납부해야 한다.

한국 거주자는 미국 부동산 임대소득 및 양도소득에 대해 국세청에 추가로 신고·납부하는 것 이외에도 외국환거래법상 해외 부동산 취득 신고와 해외 부동산 취득 보고서·수리 보고서·처분 보고서를 제출하는 것을 놓치면 안 된다. 또 미국 부동산을 처분하면 외국환거래법상 원칙적으로 매각 대금을 국내로 회수해야 한다.

한국 국세청 유형별 세금 신고

↳ **취득 시**
한국에 신고·납부해야 하는 세금 없음

↳ **보유 시**
임대소득이 있다면 다음 해 5월 종합소득세 신고 및 납부(미국 소득세 신고 후 외국 납부세액 공제 적용)

↳ **처분 시**
양도소득이 발생하면 양도일이 속한 달의 말일부터 2개월 이내에 양도세 예정 신고 및 납부, 다음 해 5월 31일까지 양도세 확정 신고

미국 부동산 투자 절세 전략

양도세 유예제도(1031 익스체인지)

미국 연방 소득세법상 혜택인 1031 익스체인지(1031 Exchange)는 주택을 취득한 후 거주하지 않고 투자용(임대용)으로 보유하고 있는 주택에 한해 적용된다.

주택을 처분한 후 금액이 같거나 더 비싼 주택을 취득하는 경우 새로 취득한 주택을 처분할 때까지 양도세 납부를 이연할 수 있도록 해주는 제도다.

단, 기존 주택 처분 후 45일 이내에 새로운 주택을 지정해야 하며, 180일 이내에 거래가 완료(Closing)돼야 한다.

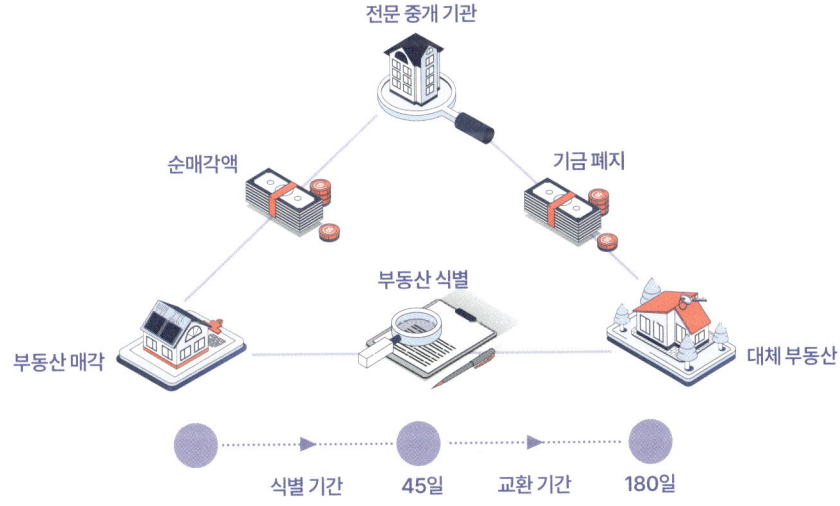

1031 익스체인지를 활용하기 위해서는 다음 요건을 충족해야 한다.

> **1031 익스체인지**
>
> 1. 교환하는 두 부동산 모두 투자용 부동산이어야 한다. 주거용 부동산은 교환 대상이 될 수 없다.
> 2. 교환은 180일 이내에 완료해야 한다.
> 3. 교환하는 두 부동산 중 새로운 부동산의 가치가 기존 부동산의 가치와 같거나 더 높아야 한다.

1031 익스체인지를 통해 이연되는 양도세는 교환하는 부동산의 취득 시점에 발생하는 양도세다. 예를 들어 투자자가 100만 달러에 매입한 부동산을 200만 달러에 매각한다면 양도차익은 100만 달러다. 이 경우 투자자는 100만 달러에 대해 양도세를 납부해야 한다. 그러나 만약 투자자가 100만 달러에 매입한 다른 투자용 부동산으로 교환하는 경우 양도차익에 대한 양도세는 이연된다. 투자자가 교환한 부동산을 20년 후 300만 달러에 매각한다면 양도차익은 200만 달러다. 이 경우 투자자는 200만 달러에 대해 양도세를 납부해야 한다.

투자 목적의 부동산이라면 개수는 제한이 없다. 1개의 부동산을 팔아 여러 개의 부동산을 사들여도 되고, 반대로 여러 개의 부동산을 팔아 1개의 부동산을 구매해도 된다.

다만 기존에 보유하던 부동산 가격보다 적어서는 안 되며, 최소한 같거나 더 비싸야 한다. 그리고 이 프로그램은 같은 주의 부동산 매매에만 해당하는 건 아니다. 뉴욕의 부동산을 팔아 캘리포니아의 부동산을 구매해도 상관없다.

1031 익스체인지는 미국 부동산 투자자들에게 매우 유용한 제도다. 이 제도를 통해 투자자들은 수익을 실현하지 않고 자본을 재투자함으로써 세금 부담을 줄일 수 있다.

그러나 이 제도는 투자자들에게 시간적 부담이 있을 수 있다. 1031 익스체인지를 이용하려면 부동산을 판 후 45일 안에 새로 구입할 부동산을 정해야 하고, 그 후 무조건 135일 내에 에스크로를 끝내야 하기 때문에 총 180일 이내에 거래가 종료돼야 한다. 그뿐 아니라 매도한 부동산과 새로 투자한 부동산의 소유주 명의가 반드시 같아야 하며, 매도한 부동산에서 발생한 현금은 재투자용 부동산에 모두 투자해야 한다.

> 양도세는 보유 기간에 따라 부과되는 세액이 다르다. 기준은 1년으로, 1년을 초과해 보유하고 매각하면 'Long-Term Capital Gains and Losses'에, 1년 이하로 보유하고 매각하면 'Short-Term Capital Gains and Losses'에 해당한다. 당연히 1년을 초과해 보유하고 매각했을 때 적용되는 세율이 낮다.

✅ 숏텀 캐피탈 게인스 앤 로스즈(Short-Term Capital Gains and Losses)

✅ 롱텀 캐피탈 게인스 앤 로스즈(Long-Term Capital Gains and Losses)

↑ 미국 양도세 신고 양식.

일반적인 양도세 절세 방법

최소 1년 이상 자산 보유

일반적으로 미국에서 양도세를 아끼기 위해서는 자산을 1년 이상 보유하는 것이 좋다. 이는 LTCG와 STCG의 세율이 차이 나기 때문인데, 주식이나 부동산 투자를 앞두고 있다면 장기적 계획으로 접근하는 것이 바람직하다. 아래 소개할 임대소득세, 감가상각 비용 처리 등의 다양한 항목은 공제가 가능하므로 미리 살펴두면 좋다.

양도손실

미국에서는 양도손실이 발생하면 다른 양도소득과 상계 처리할 수 있다. 가령 부동산 양도차익이 1만 달러이고 주식 양도손실이 3,000달러라면 총 양도차익은 7,000달러가 되는데, 만약 양도차익과 양도손실을 모두 더해 마이너스(순양도손실)가 된다면 1년에 3,000달러까지 일반 종합소득에서 공제할 수 있다.

만약 올해 공제하지 못한 순양도손실은 다음 해 이후로 이월돼 양도소득이 있는 경우 양도소득과 먼저 상계하고, 그래도 상계하지 못한 순양도손실은 매년 3,000달러 한도로 일반 종합소득에서 공제할 수 있다.

손실을 이월할 때 단기 양도손실 혹은 장기 양도손실의 성격은 그대로 남는다. 다음 해로 이월하는 장기 양도손실은 다음 해의 장기 양도소득과 먼저 상계하고 나서 다음 해의 단기 양도소득과 상계한다.

예를 들어 어느 부부의 2022년 일반 종합소득이 5만 달러라고 가정하고 그 부부가 2010년 2만 달러에 취득한 주식을 2022년 1만 달러에 양도해 1만 달러의 손실이 발생했다면 연간 3,000달러를 일반 종합소득 5만 달러에서 차감해 소득세 과세표준(4만 7,000달러)을 계산한다. 이 경우 공제받지 못한 양도손실 7,000달러는 이월해 2023년부터 다른 양도소득이 있으면 우선 상계하고(한도 없음), 그러고도 순양도손실이 남으면 연간 3,000달러 한도로 일반 종합소득에서 공제할 수 있다.

주거용 부동산

미국은 주거용 부동산과 자택(Main Home)에 대해 양도세 계산 시 소득공제를 적용할 수 있도록 해주고 있다. 주거용 자택에 대한 양도세 계산 시 적용하는 공제 금액은 부부의 경우 합산해서 50만 달러, 싱글의 경우 25만 달러까지인데, 주거용 자택으로 인정받으려면 자택을 매도하기 전 최근 5년 중 최소 2년을 거주해야 한다. 2년 거주 규정은 지속적으로 살아야 한다는 의미는 아니고, 최근 5년간 아무 때나 거주한 기간을 모두 합쳐 24개월 이상을 주거용 자택으로 사용하면 된다. 소득공제 혜택은 거주자뿐만 아니라 비거주자에게도 적용된다.

예를 들어 부부 합산으로 세금을 보고하는 어느 부부가 30만 달러에 구입한 주거용 자택을 2022년 11월 30일 75만 달러에 처분했고, 2017년부터 2022년까지 5년간 주거용 자택으로 사용했다면 2년 이상 거주 규정을 충족했기에 양도소득 45만 달러 전액에 대해 면세 혜택을 받을 수 있다.

감가상각 비용 처리

상업용이나 임대용 부동산을 구매했다면 감가상각 비용 처리가 가능하다. 건물은 시간이 지남에 따라 가치가 떨어지기 때문에 기본적으로 감가상각을 할 수 있다.

통상 27년 6개월의 시간을 적용하는데, 이는 현재 건물 가치를 100으로 가정했을 때 건물 가치가 0으로 떨어지는 기간을 27년 6개월로 본다는 의미다. 1년간 하락하는 평균 가치를 환산하면 감가상각은 3.63%가 된다.

임대소득세

임대 부동산과 관련해 일반적으로 비용 공제가 가능한 항목으로는 '청소, 수리 및 유지보수 비용', '자산관리 및 임대 비용', '조경비', '유틸리티 서비스', '보험 비용', '모기지 이자', '렌털 비용', '출장비', '재산세', '회계사 또는 변호사와 같은 법률 및 전문 수수료' 등이 있는데, 이 중 몇 가지 내용을 구체적으로 살펴보자.

↳ 청소, 수리 및 유지보수 비용

임대 사업을 하다 보면 당연히 건물을 관리하고 수리해야 할 일이 자주 생기게 마련이다. 특히 건물이 오래되면 수리할 곳이 많아진다. 현관문이 삐걱거린다든지, 천장에서 물이 샌다든지, 유리창이 깨졌다든지 등등 당연히 임대인이 수리해야 할 항목들이 타당하고 일반적이라면 수리에 들어간 모든 비용은 해당 연도에 공제할 수 있다. 하지만 수리가 아니라 건물의 가치를 높이는 작업(Capital Improvement) 등은 공제 항목에서 제외된다.

예를 들어 현관문이 오래돼 교체할 때 기존 현관문과 같거나 비슷한 자재가 아니라 더 좋고 고급스러운 자재로 바꾸는 경우에는 수리로 보지 않고 투자로 본다.

SECTION ❸ U.S. TAX

↳ 관리 비용

한국에서도 규모가 큰 부동산은 관리인이나 전문 업체를 두고 건물 및 시설을 관리하는 게 일반적인데, 미국도 위탁 관리가 보편적으로 이뤄진다. 건물 관리에 직원을 고용할 수도 있고 업체에 서비스를 의뢰할 수도 있는데, 이러한 비용은 관리인을 직접 고용하든 외주업체에 서비스를 의뢰하든 상관없이 모두 비용 공제가 가능하다.

↳ 회계사나 변호사 수수료

건물을 임대하다 보면 법적 분쟁이 일어나는 경우도 있다. 건물이나 임대업과 관련한 분쟁에서 변호사를 고용한다면 비용 처리가 가능하다. 또 매년 세무 업무와 관련해 세무 전문가에게 지불하는 비용도 공제할 수 있다.

↳ 출장비

부동산을 관리하면서 들어가는 각종 이동 비용도 출장비라는 항목으로 공제가 가능하다. 건물 관리나 임차인을 만나기 위해 이동할 때 발생하는 비용, 즉 기름값이나 운송비, 체류비(식사비, 숙박비 등) 등 임대 사업과 관련한 비용이 포함된다. 하지만 건물의 가치를 올리는 데 쓰는 출장비는 공제 대상이 되지 않으니 주의해야 한다. 또 출장비 항목은 국세청에서 세심하게 검증할 수 있으니 증빙 자료를 반드시 챙겨야 한다.

↳ 보험 비용

미국은 예상치 못한 자연재해나 사고가 많이 일어나는 나라이기에 보험에 가입하는 것은 필수다. 건물보험·화재보험 등 부동산을 매입하면서 가입할 수 있는 여러 보험이 있는데, 이러한 보험 비용도 공제가 가능하다. 또 임대 사업을 하면서 직원을 채용했다면 직원의 보험(건강보험, 산재보험 등) 비용도 공제가 가능하다.

●● 재산세 절세 전략

거주자의 재산세 감면

지방정부에 따라 거주자의 재산세 감면 정책을 실시하는 곳들이 있다. 메일을 통해 재산세 감면 신청을 하라는 공문이 왔을 경우 양식에 맞춰 제출하면 재산세 감면 혜택을 받을 수 있다. 이와 반대로 지역에 따라 재산세가 추가되는 경우도 있는데, 재산세 청구서에 'Special Assessment Tax(특별산정세)'라는 항목이 있으면 재산세를 추가로 내야 한다. 특별산정세는 지방정부에서 시행하는 인프라 건설로 인해 추가로 부과하는 세금을 말한다. 도로나 지하철 같은 인프라 시설이 건설되면 혜택을 받는 지역에 이 같은 세금을 부과한다.

주택담보대출

2017년 개정한 '세금 감면 및 일자리에 관한 법(Tax Cuts and Jobs Act)'은 일명 '트럼프 세법'으로 불리는데, 이 법에 따라 주택담보대출금 중 최대 75만 달러에 대한 이자를 연방 소득세에서 공제할 수 있다. '홈 에퀴티 론(Home Equity Loan)'은 주택담보대출에서 담보 주택 가격이 상승한 비율을 LTV에 반영해 발생한 여유분에 대해 추가 대출을 하는 제도인데, 이렇게 대출받은 돈을 적격한 주택 개량 및 보수 비용으로 사용하면 총 75만 달러의 주택담보대출 한도 내에서 홈 에퀴티 론 이자 비용도 소득공제 항목에 포함된다.

재산세 소득공제

모기지론으로 주택을 구입했다면 모기지 회사에서 'Form 1098'을 매년 1월 31일 전에 발송해준다. Form 1098의 '10 Other' 항목에는 1년 동안 납부한 재산세 금액이 표시되는데, 만약 세금 보고 전에 모기지 회사로부터 Form 1098을 받지 못했다면 미리 연락해 수령해야 한다.

미국 소득공제 방식에는 표준 공제(Standard Deduction)와 항목별 공제(Itemized Deduction)가 있는데, 이 중 항목별 공제를 선택하면 지방정부에 납부한 재산세에 대해 소득공제를 받을 수 있다.

부동산 가치 재평가

재산세는 부동산 가치와 직결되기에 자신이 소유한 부동산의 가치가 하락하고 있다면 세무서에 연락해 감정평가를 다시 받을 수 있다.

재산세 고지서를 받았을 때 생각보다 많은 재산세가 부과되었다면 이러한 방법을 통해 정정할 수 있지만, 재산세가 낮아지면 자신이 소유한 부동산의 가치도 하락했음을 의미하므로 투자용으로 구매한 경우라면 신중히 결정하는 것이 좋다.

법원 탄원

법원 탄원을 통해서도 감정평가를 다시 받을 수 있다. 자신이 소유한 부동산이 인근의 비슷한 부동산보다 높게 평가됐다는 증빙 서류 등을 준비해 법원에 탄원하면 재산세를 줄일 수 있다.

SECTION ❸ — SPECIAL Q&A

미국 회계사가 알려주는
부동산 세금 상식 Q&A

미국 부동산 투자를 위해서는 세무 전문가의 도움이 필수적이다. 한국과 세금 체계가 다르고, 투자하는 사람이 외국인이기에 내국인보다는 챙겨야 할 부분이 많다. 미국 부동산 투자 과정에서 생길 수 있는 의문점에 미국 회계사가 상세하게 답변했다.

↓ 미국 부동산 세금 상담 모습.

Q 세금 측면에서 한국 부동산보다 미국 부동산의 매력이 정말 더 큰가요?

A_ 어떤 목적으로 부동산을 취득하느냐에 따라 다르겠지만, 오직 세금 측면에서만 보면 한국 부동산보다 미국 부동산 투자가 더 메리트가 있다고 말할 수 있습니다. 이해하기 쉽게 예를 들어 설명하겠습니다. 한국과 미국에서 각각 20억 원의 부동산 매물을 30억 원에 매도해 10억 원의 양도차익이 발생했다고 가정하겠습니다. 이때 한국과 미국에서 발생하는 세금을 표로 정리해보면 다음과 같습니다.

한국의 경우 취등록세 3.3%, 종합부동산세 0.16%, 재산세 0.25%, 양도세 39.36%가 발생합니다. 2024년 5월 9일까지 양도세 중과세는 한시적으로 배제돼 수치에서 제외했습니다.

미국의 경우 취득세와 종합부동산세는 없고, 재산세 0.79%(캘리포니아주 어바인 기준)와 양도세 21.43%가 발생합니다. 즉 가격이 같은 부동산을 한

한국과 미국의 세금 비교

구분	한국	미국
취등록세/농어촌특별세/지방교육세	180,000,000	-
종합부동산세/농어촌특별세	3,139,200	-
재산세/지방교육세	5,004,000	15,800,000
양도세+지방소득세	393,591,000	107,152,000
양도세 중과세	2024년 5월 9일까지 한시적 배제	-
3년 보유 시 총세금	598,020,600	154,552,000

단위 원
※ 기준 매매가격 20억 원, 양도차익 10억 원, 2주택자, 부부 공동명의, 3년 보유, 조정대상지역
※ 환율 1,000원으로 계산
※ 미국 세율은 캘리포니아주 어바인 기준
※ 미국에서 양도 전 5년 중 2년 이상 거주, 총 50만불 (부부) 공제 조건

국과 미국에 각각 투자했을 때 미국 부동산은 투자 가액의 약 22.2%(4억 4,000만 원)를 절세할 수 있습니다.

Q 미국 부동산에 투자할 때 세무 전문가의 도움이 필수적인가요?

A_세무 전문가의 도움을 반드시 받아야 하는 것은 아니지만, 아무래도 미국 부동산 투자는 한국의 경우와 다르기 때문에 전문가의 도움을 받는 것이 좋습니다. 한국에서 부동산을 거래할 때도 부동산중개인을 비롯해 단계별로 전문가의 도움을 받는 것이 일반적입니다.

미국 부동산도 거래 단계별로 판매 브로커·에스크로 전문가·대출 전문가·세무 전문가 등 전문가의 도움이 필요하며, 현실적으로 이들의 도움 없이 미국에서 부동산 거래는 불가능하다고 볼 수 있습니다.

최근에는 미국 부동산 투자가 활성화되면서 부동산 거래에 필요한 모든 서비스를 원스톱으로 제공하는 해외 부동산 투자 플랫폼을 활용하는 사례도 많습니다. 그만큼 미국 부동산 투자가 활성화되었다는 의미이니 신뢰할 만한 플랫폼이라면 원스톱으로 모든 전문 서비스를 받아보는 것도 추천합니다.

SECTION ❸ SPECIAL Q&A

Q 미국 거주자냐 비거주자냐에 따라 부동산 세금이 많이 달라지나요?

A_네, 그렇습니다. 미국 세법상 비거주자는 미국 내 원천 소득에 대해서만 과세되는 반면, 거주자는 전 세계에서 벌어들이는 소득에 대해 미국에 세금 신고 및 납부 의무가 있습니다.
따라서 미국 세법상 비거주자의 미국 내 임대소득에 대한 미국 납부세액과 거주자의 임대소득에 대한 미국 납부세액에는 차이가 있습니다. 그러나 소득세 외에 재산세 등의 보유세는 차이가 없습니다.

Q 1031 익스체인지를 활용할 때 개수 제한이 있나요?

A_1031 익스체인지는 조건만 맞으면 계속 활용할 수 있습니다. 가령 첫 부동산을 처분할 때 1031 익스체인지를 활용했다면 두 번째 부동산을 처분할 때도 처음과 같은 방식으로 몇 가지 조건만 충족해 세 번째 부동산을 구매하면서 두 번째 부동산에 대한 양도세를 유예할 수 있습니다.
즉 1031 익스체인지는 횟수 제한이 없기에 양도세를 무한히 유예할 수 있다는 의미입니다.

Q 미국 주택 소유자들은 미국 부동산 관련 세금이 높다고 생각하나요?

A_개인차는 있겠지만, 대부분 그렇지 않다고 생각합니다. 미국에서 부동산을 구입할 때 대부분의 사람들은 모기지를 받아서 구입하는데, 모기지를 사용하게 되면 모기지 페이먼트 안에 재산세도 포함돼 있습니다.
모기지 페이먼트를 내는 데 매우 익숙한 미국 주택 소유자들은 본인의 부동산에 부과된 재산세 또한 당연히 납부해야 한다고 생각하는 게 일반적 인식입니다.

Q 미국에서 임대 사업을 할 때 적격 사업소득 공제가 있다는 얘기를 들었어요.

A_'섹션 199A' 또는 '통과 소득공제'로도 알려진 '적격 사업소득(Qualified Business Income, QBI) 공제'는 부동산 투자자가 취할 수 있는 또 다른 세금 감면 제도입니다.
QBI 공제는 재산 운영 및 소유 비용과 감가상각비를 모두 공제한 후 적격 통과 사업소득의 최대 20%까지 추가 공제를 허용합니다.
개인 소유주나 파트너십, S 코퍼레이션

(S 법인: 통과 과세를 허용하는 특정 유형의 기업), LLC(Limited Liability Company: 유한책임회사), 일부 신탁 및 부동산 소유자는 적격 사업소득 공제를 받을 자격이 있을 수 있습니다.

Q 부부간 거래를 할 때도 양도세(Capital Gain Tax)가 발생하나요?

A_ 부부 간 거래에서는 양도세가 발생하지 않습니다. 그래서 단독 소유든 공동 소유든 배우자에게 소유권이나 지분을 넘겨도 따로 낼 세금이 없는 것이죠. 이혼에 따른 재산분할로 전 배우자에게 이전되는 경우에도 양도세가 발생하지 않습니다. 단, 배우자가 미국 비거주자(nonresident alien)인 경우는 예외적으로 양도세가 발생할 수 있습니다.

Q 미국 거주자가 한국에 부동산을 소유하고 있을 때도 미국 국세청에 신고해야 하나요?

A_ 미국에 거주하는 영주권자나 시민권자가 한국 부동산을 소유하고 해당 부동산에서 임대소득이 발생하지 않는다면 부동산 소유 사실을 IRS(Internal Revenue Service: 미국 국세청)에 신고할 의무는 없습니다. 다만 해당 부동산에서 임대소득이 발생하면 미국 세법상 미국인은 일반적으로 전 세계 소득에 대해 소득세 신고 의무가 있으므로 그 소득을 매년 4월 15일까지 IRS에 미국 내 소득과 합산해 신고해야 합니다.

Q 미국 부동산 임대소득 계산 시 비용 공제를 받고자 할 때 비용으로 인정될 영수증 등 증빙 서류는 무조건 챙겨야 하나요?

A_ 네, 그렇습니다. 계좌이체나 신용카드 납부 등의 수단을 통해 지불한다면 이러한 거래 자체가 증빙 서류로서 효력을 발휘할 수 있습니다.
하지만 비용 지급을 위해 수령한 견적서, 계약서 등 구체적인 자료 제시를 요청받을 수도 있기 때문에 관련 비용에 대한 증빙 서류는 모두 보관하는 게 좋습니다.
요즘은 대부분 전산화로 거래가 이뤄지고는 있지만, 놓치는 부분이 있을 수 있기에 증빙할 만한 서류는 챙겨두는 것이 안전합니다.

CLOSING ──────── 1

환율과 금리 변동으로
투자가 망설여진다면?

●● **관망하는 자세로 기회를 엿보라!**

코로나19가 한창이던 시기, 미국의 대출금리가 역대 최저 수준을 유지하면서 미국 부동산시장은 그야말로 대호황기를 맞았다. 시장에 돈이 넘치다 보니 100만 달러에 부동산을 내놓으면 매수자끼리 경쟁이 붙어 120만~130만 달러에 거래되는 것이 흔한 일이었다. 그러자 부동산 가격은 하늘 높은 줄 모르고 치솟았고, 금리가 인상되는 시기에도 주택 가격은 쉽게 떨어지지 않았다.

미국의 부동산시장은 전통적으로 매도자가 우위를 차지한다. 수요에 비해 공급이 부족하기 때문이다. 공급이 부족하다 보니 미국 부동산 가격은 서브프라임모기지 사태가 일어난 시기를 제외하고 지속해서 상승했다. 그리고 미국 부동산시장은 다른 나라들과 비교해 변동 가능성을 어느 정도 예측할 수 있다. 다른 나라보다 부동산시장에 영향을 주는 변수가 적기 때문이다. 그러나 한국은 부동산 정책이나 금리, 수요와 공급, 국제적 변수 요인이 모두 함께 반영되기에 시장 변동성을 가늠하기가 쉽지 않다.

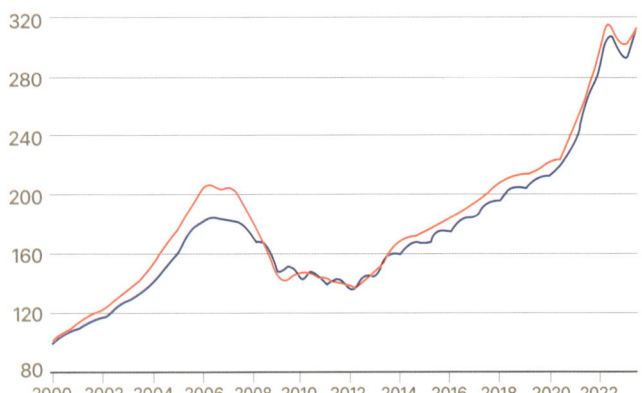

— S&P/Case-Shiller 미국 주택 가격 지수

— S&P/Case-Shiller 20개 도시 종합 주택 가격 지수

자료 S&P Dow Jones Indices LLC

2023년만 해도 미국의 높은 금리와 변동성이 큰 환율 때문에 미국 부동산 투자를 망설이는 사람이 많았다. 지난 연말까지 미국의 기준금리가 지속해서 올라갈 것이라는 예상이 지배적이었기 때문이다. 기준금리가 상승하면 당연히 모기지 금리도 오를 수밖에 없고, 대출을 끼고 투자에 나서는 상황이라면 높은 이자가 큰 부담이 되는 상황이었다. 높은 금리에 더해 1,300원이 넘는 환율에다 변동성마저 커서 투자자들에게는 고금리와 고환율이 이중고(二重苦)가 된 셈이다.

그런데 2024년의 분위기는 지난해와 비교해 많이 달라졌다. 금리 수준은 여전히 높은 편이지만, 2023년 말부터 미국 모기지 금리가 하락하고 있고, 금리가 하락하자 주택 구매 희망자들이 다시 시장으로 돌아오고 있기 때문이다. 지속적인 금리 상승으로 주택 개발도 한동안 주춤했지만, 금리 하락이 건설업자들에게 긍정적인 시그널로 작용하면서 차츰 건설 경기가 회복될 것이라는 전망이 지배적이다.

물론 코로나19 이전 수준으로 금리가 하락하기까지는 오랜 시간이 걸릴 것이다. 최근 지표들이 부동산시장에 우호적 전환이 될 것이라는 기대감이 상승했지만, 모기지 금리와 주택 가격이 코로나19 팬데믹 이전 수준을 크게 웃돌고 있기에 아직은 적극적으로 투자에 나설 시기는 아니라는 것이 전문가들의 진단이다.

•• 미국 모기지 금리와 신규 주택 착공의 관계

비정상적인 금리와 높은 환율 수준은 오래 지속되지는 않을 것이다. 미국은 만성적으로 주택 공급이 부족한 나라이고, 경기침체 우려로 인해 금리도 계속해서 높은 수준을 유지할 수 없기 때문이다. 또 미국은 서브프라임모기지 사태 이후 모기지 연체율 등 건전한 부동산시장 관리를 위해 애써 온 나라이기에 부동산 가격 하락도 쉽게 단언할 수 없다. 오히려 금리가 본격적으로 하락하는 시기가 오면 시장의 강세 흐름이 지속될 가능성이 훨씬 높다.

지금까지 높은 이자율과 환율로 미국 부동산시장을 관망했다면 이제는 본격적으로 투자를 준비해야 하는 시기다. 다만 곧바로 투자에 나서기보다는 미국의 금리 변동과 개발 상황을 주시하면서 강세장이 본격화되기 전에 미리 좋은 물건을 선점하는 혜안과 행동력이 필요하다.

> **미국 금리가 오르면 한국 부동산은 폭망한다?**
>
> 한국과 미국의 어떤 데이터에서도 한국과 미국의 금리 차이가 주택시장에 큰 영향을 준다는 것은 증명되지 않았다. 1998년 이후 미국 정책 금리는 크게 네 차례 인상되었는데, 그때마다 한국 부동산시장은 강세나 약보합세를 보였다. 이러한 현상은 부동산시장의 특성과 관련이 있다. 부동산은 매우 지역적인 상품, 즉 특정 지역에 한정돼 있는 상품이기에 세계경제의 흐름뿐만 아니라 각 지역의 수요와 공급 동향에 더 큰 영향을 받기 때문이다. 그래서 부동산시장을 전망할 때는 미국의 경제 상황뿐만 아니라 수요와 공급이라는 기본적 경제 관점도 결코 무시할 수 없다.

미국 모기지 금리와 신규 주택 착공의 관계

— 미국의 30년 고정금리 모기지 평균   — 신규 주택 착공

자료 FHLMC, Census, HUD

CLOSING —— 2

무엇이 미국 부동산 가격에 영향을 미치나?

●● 미국 부동산시장에 영향을 미치는 핵심 요소

부동산은 대부분 재산의 상당 부분을 차지하며, 특히 미국 사람들의 경우에는 더욱 그렇다. 단순 주거용이 아니더라도 부동산은 많은 투자자에게 매력적이고 수익성 있는 분야로, 기존 주택을 통한 모기지 등을 활용해 계속해서 자산을 늘려나간다. 이번에는 미국 부동산시장과 투자에 영향을 미치는 핵심 요소를 살펴보고, 투자 전략을 생각해보자.

❶ 인구통계

인구통계는 연령, 인종, 성별, 소득, 이주 패턴, 인구 증가와 같은 인구 구성을 반영하는 데이터다. 한 국가에서 인구통계의 주요 변화는 수십 년 동안 부동산 동향에 큰 영향을 미칠 수 있다. 이를 염두에 두지 않고 투자에 나서는 사람들도 있지만, 인구통계는 부동산 가격 책정 방식과 수요가 있는 부동산 유형에 영향을 주는 요소이기에 간과해서는 안 된다.

예를 들어 인구통계학적으로 1945년에서 1964년 사이에 태어난 베이비붐 세대는 부동산시장에 상당한 영향을 미칠 수 있다. 2010년에 시작된 베이비붐 세대의 은퇴는 주거지와 주거 형태 변화 등을 유발해 부동산시장 전체에 영향을 미치게 된다.

이러한 유형의 인구통계학적 변화가 부동산시장에 영향을 미칠 수 있는 방법에는 여러 가지가 있다. 가령 부동산 투자자들에게 왼쪽과 같은 질문을 했다고 가정해보자.

이러한 질문은 인구통계학적 변화에서 비롯한다. 인구통계학적 변화를 염두에 두면 넓은 시야를 가질 수 있고, 투자 유형과 안목을 기르는 데 도움이 될 수 있다.

질문 1
더 많은 사람이 은퇴하기 시작하면 인기 있는 휴양지에 두 번째 주택에 대한 수요가 발생하지 않을까?

질문 2
사람들의 소득이 줄고 가족의 규모도 작아진다면 규모가 큰 주택의 수요에 어떤 영향을 미칠까?

❷ 이자율

금리는 부동산시장에 큰 영향을 미치는 요소다. 모기지로 주택 구입을 고려한다면 모기지 계산기를 활용해 금융기관마다 다양한 이자율이 부동산 구매에 어떤 영향을 미치는지 미리 알아보는 것이 바람직하다.

이자율의 변화는 주거용 부동산을 구입하는 개인의 재정적 부담에 영향을 미칠 수밖에 없다. 이자율이 낮을수록 모기지 비용이 낮아지기 때문이다. 모기지 비용 부담이 낮아지면 개인 부동산 구매자들에게는 큰 매력으로 다가와 자연스럽게 수요가 큰 폭으로 증가하며, 이는 전체 부동산시장에 가격 상승을 유발한다. 반대로 금리가 상승하면 모기지 비용이 증가해 수요와 부동산 가격은 하락한다.

이런 금리와 부동산 가격의 관계는 부동산투자신탁(REITs)에서 채권과 이자율의 관계와 유사하다. 금리가 하락하면 채권 가격이 상승하고 REITs의 수익률이 높아져 더욱 매력적이 되면서 가격이 오르고, 반대로 금리가 상승하면 채권 가격이 하락하고 REITs의 수익률이 낮아져 가격도 하락한다.

❸ 경제적 상황

부동산 가치에 영향을 미치는 또 다른 핵심 요소는 경제의 전반적인 건전성이다. 경제 건전성은 일반적으로 GDP, 고용지표, 제조 활동, 상품 가격과 같은 각종 경제지표로 측정된다. 대체로 경제 상황이 좋지 않으면 부동산시장에도 부정적 영향을 미치게 된다.

경제가 호황이냐 불황이냐는 부동산 종류에 따라 다른 영향을 줄 수도 있다. 가령 REITs 투자 비율에서 호텔 투자 비중

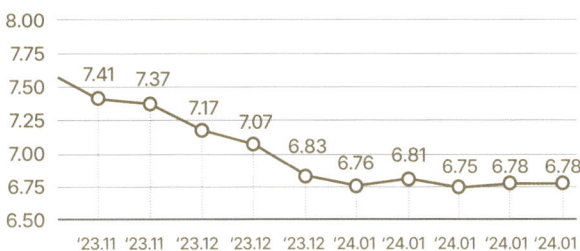

미국의 인구 증감

- 1.5~1.9%
- 1.1~1.4%
- 0.6~1.0%
- 0.0~0.5%
- -0.01~-0.5%
- -0.6~-0.9%

자료 Statista, The U.S. States Losing & Gaining Population (2021~2022년 인구성장률 기준)

미국 모기지은행협회 30년 모기지 금리 추이

날짜	금리
'23.11	7.41
'23.11	7.37
'23.12	7.17
'23.12	7.07
'23.12	6.83
'24.01	6.76
'24.01	6.81
'24.01	6.75
'24.01	6.78
'24.01	6.78

단위 % 자료 미국 모기지은행협회(Mortgage Bankers Association)

> **수요가 부동산시장에 미치는 영향**
>
> 부동산에 직접적 영향을 미치는 요소 중 빼놓을 수 없는 것이 바로 부동산에 대한 수요다. 기업이든 개인이든 필요에 의해 상업용 또는 주거용 부동산을 구매하는데, 이러한 부동산에 대한 수요는 건설 및 기타 관련 산업의 성장에 영향을 미쳐 국가 경제에 상당한 기여를 한다.
>
> **부동산 판매 급감 시 가치도 하락**
>
> 부동산 판매가 급격히 감소하는 경우 그 파급효과는 클 수밖에 없다. 부동산 판매가 급감하면 주택의 가치가 하락하고, 주택담보대출도 수요가 줄어들게 된다. 부동산시장으로 자금이 유입되지 않으니 주택 관련 자금이 다른 분야로 쏠리게 되는데, 미국 경제는 일반적으로 소비지출에 큰 영향을 받기 때문에 이러한 상황 변화는 국가경제에도 상당한 영향을 미칠 수 있다.

이 높을 경우 일반적인 오피스텔 건물에 투자한 REITs보다 경기 침체의 영향을 더 많이 받는다. 호텔은 사업 특성상 경제 상황에 매우 민감한 재산 형태다. 경기가 침체되면 단기 임대 성격의 호텔은 쉽게 활용도가 낮아지지만, 사무실은 장기 임대 형태이기 때문에 임차인이 쉽게 계약을 해지할 수 없어 수익률이 금세 떨어지지는 않는다. 이처럼 부동산 투자자들은 경제 상황에 따른 부동산의 민감도를 인지하는 것이 매우 중요하다.

❹ 정부 정책과 보조금

정부 정책이나 입법도 부동산 수요와 가격에 상당한 영향을 미칠 수 있다. 세액공제나 보조금은 정부가 일시적으로 부동산 수요를 늘릴 수 있는 대표적 방법이다.

정부가 부동산시장에 대해 어떤 정책적 입장을 취하고 있는지 투자자들이 인식하지 못하면 현재 시장에서 형성되고 있는 수요와 공급의 변화를 잘 읽지 못할 수 있고, 이는 향후 시장의 변화를 식별하는 데 큰 장벽이 될 수도 있다. 예를 들어 2009년 미국 정부는 침체된 경제 상황에서 주택 판매를 촉진하기 위해 첫 주택 구입자에게 세금 공제 혜택을 주는 정책을 시행했다(2008~2010년 사이에 주택을 구입한 사람들만 자격이 있다). 정부 보고서에 따르면 당시 2만 명이 세금 인센티브를 활용해 주택을 구입했는데, 일시적이지만 상당히 효과가 높은 정책이었다. 만약 세금 인센티브에 대한 정보가 없었다면 투자자들은 다른 이유로 주택 수요가 증가한다는 결론을 내렸을 것이다.

•• 미국 주요 주택시장 지표의 이해

주거용 주택시장은 매년 미국 국내총생산(GDP)의 약 5%를 차지한다. GDP의 5%가 작게 느껴질 수도 있지만, 5%가 흔들리면 한 국가의 경제력에 미치는 파급력은 실로 어마어마하다. 개인투자자 입장에서는 단독가구 및 다가구주택 건설에 대한 투자와 리모델링 비용, 기타 관련 수수료, 중개수수료 및 세금을 고려해야 한다.

투자자가 지불하는 비용은 주택시장의 여건에 따라 달라질 수 있기에 이와 관련한 지표를 충분히 숙지하고 투자에 나서는 것이 바람직하다. 몇 가지 주요 주택시장 지표를 살펴보자.

❶ 건설 지출

미국 인구조사국은 미국의 새로운 국내 건설 지출 활동에 대한 월간 보고서를 발표한다. 이 보고서는 주거 및 비주거 지출뿐만 아니라 민간 및 공공 지출별로 분류된다. 또 비교를 위해 같은 달과 비교한 이전 달의 활동과 전년도의 활동을 제공한다.

미국 인구조사국은 50년 넘게 설문조사를 실시해왔다. 새로운 구조물에 대한 건설 작업과 민간 및 공공 부문의 기존 구조물을 개선하기 위해 수행하는 건설 작업 등을 다룬다. 데이터 추정치에는 인건비 및 자재비, 건축 및 엔지니어링 작업비, 간접비, 건설 중 지불한 이자 및 세금, 계약자의 이익 등이 포함된다.

❷ 주거용 건축

미국 정부의 주거용 건축 관련 보고서는 새로운 주거용 건설이나 주택 착공에 관한 리포트로, 신규 주택 건설 허가 수치와 건축업자가 막 작업을 시작한 주택 수를 통해 전국의 주거용 건설 활동에 중점을 둔다. 주거용 건축 활동에 대한 지역별 분석과 이전 달 및 연도별 활동에 대한 수치를 알 수 있다.

❸ 주택 판매

NAR(National Association of Realtors, 전미부동산연합회)은 단독주택, 콘도 및 협동조합 등의 매월 판매된 중고 주택 수와 전월 및 전년도의 기존 주택 판매 보고서를 제공한다. 실제 주택 판매 마감을 기반으로 한 이 보고서를 통해 재고, 가격 및 지역 판매 실적에 대한 정보를 알 수 있다.

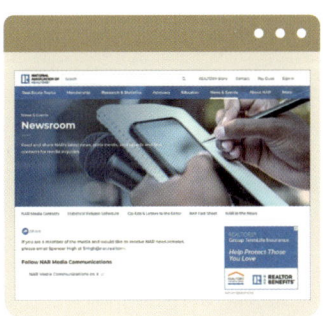

NAR 홈페이지.

❹ 주(State) 차원의 주택 판매 보고서

캘리포니아, 플로리다, 일리노이, 텍사스와 같이 주택시장이 활발한 주요 주의 다양한 부동산중개인 그룹은 해당 주의 판매 활동과 주택 가격에 대한 정기 보고서를 발표한다. 이 보고서를 통해 구매자들은 더 세밀한 정보를 알 수 있다.

❺ 신규 주택 판매

신규 주택 판매 정부 보고서는 체결된 판매 계약을 기반으로 전국

적으로 판매된 신규 주택 수에 대한 정보를 제공한다. 15만 달러 미만이나 75만 달러 이상의 신규 주택 판매 현황을 확인할 수 있으며, 같은 지역 내에서도 다양한 가격대별로 분류된 판매 현황을 알 수 있다. 또 판매용 신규 주택의 재고와 판매된 주택의 중간 및 평균 가격도 파악할 수 있다.

❻ 보류 중인 주택 판매

기존 주택 구매자가 서명한 구매 계약 건수를 통해 NAR은 보류 중인 주택 판매 지수를 월간 보고서로 작성해 발표한다. 이를 통해 향후 얼마나 많은 주택이 판매될지 예상할 수 있다. 또 보고서는 보류 중인 주택 판매 활동에 대한 지역별 분석을 제공하고, 이전 달 및 연도별 수치도 제공한다.

❼ NAHB의 주택시장 지수

NAHB(National Association of Home Builders: 전미주택건설협회)는 건축업자가 단독주택시장에 대해 가지고 있는 신뢰 수준을 월간 주택시장 지수로 발표한다. NAHB는 주택 건설업자를 대상으로 한 월간 설문조사를 통해 현재 판매 및 구매자 트래픽 수준과 향후 6개월 동안의 판매 기대치에 대한 의견을 제시한다.

❽ 지역 물가지수

구매자의 관심이 어디에 쏠려 있고, 투자자들이 현재 주택시장을 어떻게 바라보는지 등 전국 주택 가격 수준을 가늠할 수 있는 간접적인 가격 지수도 있다. 예를 들어 스탠더드 앤드 푸어스(Standard & Poor's)는 케이스-실러(Case-Shiller) 주택 가격 지수를 발표하는데, 이 지수를 통해 특정 대도시 지역의 가격뿐만 아니라 국가별 추세를 살펴볼 수 있다.

　　　　이와 유사하게 패니 메이(Fannie Mae)와 프레디 맥(Freddie Mac)의 정보를 사용해 단독주택 가격을 추적하는 연방주택금융청(Federal Housing Finance Agency)의 주택 가격 지수(House Price Index)도 있다. 그리고 코어로직(CoreLogic, Inc.)은 전국 주택 가격을 살펴보고 부실 판매의 영향을 고려한 자체 버전의 주택 가격 지수를 보유하고 있다.

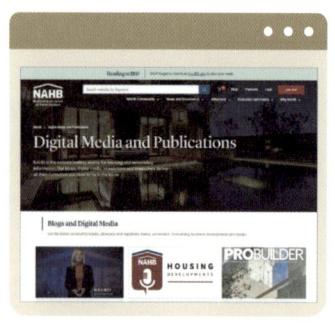

NAHB 홈페이지.

개별 주택 가치에 영향을 주는 요인

개별 부동산 가치는 다양한 요인으로 형성되며, 부동산 가치를 결정하는 표준 공식은 없다. 그럼에도 불구하고 주택 가치에 영향을 미치는 몇 가지 변수는 있다. 지역 부동산과의 비교, 주택의 상태·연식·위치 등 다양한 요인이 복합적으로 작용한다.

이러한 세부적 요인을 종합한 것이 현재의 부동산 가치이며, 판매자는 이를 활용한 적절한 가격을 제시할 수 있고 구매자는 이를 고려해 보다 경쟁력 있는 가격을 제안할 수 있다. 주택 가치에 영향을 미치는 주요 요소를 알아보자.

1. 비교 가능한 부동산의 가격

해당 지역의 비교 가능한 주택 판매는 주택 가격에 영향을 미친다. 비슷한 집들이 최근 지역사회에서 얼마에 팔렸는지는 현재 판매(구매)하려고 하는 부동산 가치의 대표적 기준이 된다.

질로우(Zillow), 리얼터닷컴(Realtor.com) 같은 웹사이트에서 주변 지역의 비슷한 부동산 가격을 확인하는 것부터 시작한다. 그런데 특히 주택시장이 뜨거운 지역의 경우 그 웹사이트에서 제공하는 가격이 항상 그 가치를 정확하게 반영하는 것은 아니다. 또 지역의 부동산중개인은 비교 가능한 부동산에 대한 최신 가격 데이터가 많을 것이므로 그들에게 정보를 얻는 것도 하나의 방법이다.

2. 주변 환경

최근 NAR(National Association of Realtors) 보고서에 따르면 직장과 학교가 인접하고, 대중교통 접근성이 좋은 곳에 살고자 하는 욕구가 주택 구입의 주요 이유라고 한다. 주변 환경이 집의 가치를 향상시키는 요소는 다음과 같다.

▲ 식료품점, 쇼핑센터, 엔터테인먼트와의 근접성
▲ 대중교통 및 주요 고속도로의 이용 ▲ 주차장 시설 이용 가능 ▲ 지역 학교의 수준 ▲ 범죄율

이러한 요인은 구매자가 불과 얼마 떨어져 있지 않은 다른 주택보다 일부 주택에 대해 훨씬 높은 가격을 지불할 이유에 영향을 미칠 수 있다.

반면 공항이나 번화한 도로와 가까운 주택의 경우 부동산 가치를 떨어뜨릴 수 있다. 집의 위치가 서류상으로 완벽해도 구매자의 라이프스타일에 맞지 않으면 가치는 떨어질 수밖에 없다.

3. 집의 연식과 상태

연식에 따라 부동산 가치는 크게 차이가 난다. 낡은 주방이나 현대적이지 않은 실내 구조 그리고 지붕이나 배관 등 내·외관상의 기능적 문제들은 연식이 오래될수록 발생할 우려가 크기 때문이다.

일반적으로 오래된 주택은 보험에 가입하는 데도 더 많은 비용이 든다. 평균적으로 75년 이상 된 주택은 일반 주택보다 보험료가 30%나 더 높다.

4. 집의 크기

침실 5개짜리 집이 같은 지역에 위치한 침실 2개짜리 콘도보다 더 비싼 것은 당연한 이치다. 집의 실내외 공간, 즉 부지의 크기도 부동산 가치에 크게 작용한다. 구매자에 따라 많은 수의 침실보다 큰 뒤뜰이 더 가치 있을 수 있다.

NAR 데이터에 따르면 전반적으로 더 큰 공간에 대한 욕구는 새집을 구입하는 두 번째 이유다. 평방피트당 주택 가치를 살펴보는 것은 다양한 크기의 부동산을 적절하게 비교하는 데 유용한 방법이 될 수 있다.

5. 주택시장 현황

주택시장 현황은 구매자와 판매자가 어떤 경향성을 가졌는지 살펴볼 수 있는 방법이다. 주택 공급이 적으면 주택 가격이 상승하는 경향이 있으며, 특히 구매자가 급증하는 경우 더욱 그렇다.

모기지 금리도 부동산 가치에 중요한 부분이며, 경제 상황과 기타 시장 요인에 따라 다르게 작용한다. 예를 들어 코로나19 팬데믹 초기에 미국 연준이 금리를 지속해서 인하해 모기지에 대한 접근성이 더욱 용이해졌다. 그로 인해 공급이 제한된 상황에서 개별 주택의 가치는 높아졌고, 판매자 위주의 시장이 펼쳐졌다. 코로나19 사태 이후 금리는 계속 인상되고 있지만, 주택 재고가 여전히 사상 최저 수준이기에 현재도 전반적으로 높은 가격이 형성돼 있다.

CLOSING ———— 3

4단계로 이해하는
부동산시장 사이클

부동산시장 사이클은 일반 경제와 밀접하게 연결돼 있다. 그렇지만 경제가 호조를 보이고 있다고 해서 상업용 부동산시장이 반드시 강세를 유지하고 있다고 가정할 수는 없다. 부동산시장 사이클은 일반 경제적 상황과 달리 단계별로 매우 미묘한 차이가 있다. 그러나 걱정할 필요는 없다. 부동산시장 주기의 어떤 단계에 있든 각 상황의 특성을 제대로 파악하면 투자자로서 충분히 투자에 성공할 수 있다. 부동산 주기가 어떻게 작동하는지, 다양한 단계 그리고 각 단계에서 전략을 세우는 방법을 이해해보자.

부동산시장 사이클은 상업용 및 주거용 부동산시장의 상태를 파악하는 4단계를 말한다. 4단계는 회복, 확장, 과잉 공급, 경기침체로 구분된다. 이 주기는 다양한 부동산 전문가가 매수, 보유 또는 매도할 적절한 시기를 예측하는 데 활용한다. 투자자를 비롯한 중개인, 구매자, 임차인 및 업계 전반의 사람들도 이 주기를 어렵지 않게 활용할 수 있다.

> 부동산시장 주기의 어떤 단계에 있든 각 상황의 특성을 제대로 파악하면 투자자로서 충분히 투자에 성공할 수 있다.

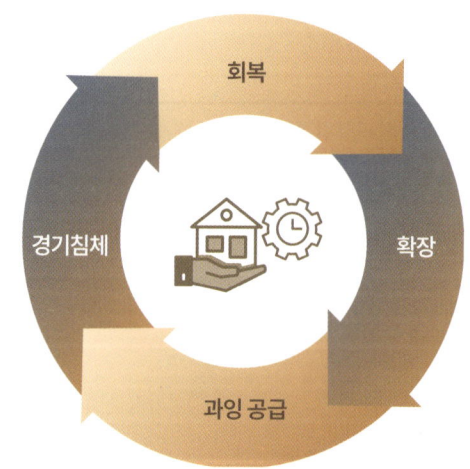

부동산시장 주기는 투자 부동산의 예상 수익에 대해 신뢰할 수 있는 정보를 제공한다. 투자자로서 부동산시장 주기의 어떤 단계에 있는지 파악하면 부동산을 보유해야 하는 기간과 취해야 할 적절한 출구전략을 보다 정확하게 세울 수 있다. 또 부동산시장 주기는 투자 부동산의 소득 및 평가 성과를 예측할 수도 있다.

부동산시장 사이클의 네 가지 주요 단계(회복, 확장, 과잉공급, 경기침체)는 일반적으로 이 주기가 반복적으로 이뤄지기 때문에 경기침체 구간을 지나면 반드시 회복하는 구간에 돌입한다는 의미다.

❶ 회복

대부분의 국가에서는 경기침체의 영향으로 암울한 전망을 내놓는 경우가 많아 주기의 회복 단계를 식별하는 것이 까다로울 수 있다. 임대업 분야는 회복기 초반에도 정체 상태를 유지할 것이며, 새로운 건설 징후도 딱히 없을 것이기 때문이다. 그러나 부동산 투자자들은 어떤 상황이든 면밀히 주시하고 회복의 징후가 있으면 신속하게 대응해야 한다.

==회복기에는 시장 가치보다 낮은 가치를 보이는 부동산에 뛰어들기 좋은 시기다.== 경제가 확장 단계로 전환하면 매물이 완전히 판매될 수 있기에 회복 신호를 파악하면 확장기를 준비하는 것이 바람직하다.

> **회복기 징후**
> - ✅ 재산의 과잉 공급
> - ✅ 주택 및 임대료 하락
> - ✅ 수요 감소
> - ✅ 신축 공사 정체
> - ✅ 투자 부동산 가치 하락

❷ 확장

확장기에는 일반 경제가 개선되고 일자리 증가가 가속화하며, 공간과 주택에 대한 수요가 꾸준히 증가한다. 확장 단계는 일반 대중이 경제에 대한 신뢰를 회복하기 시작하는 시기다. 부동산시장에서 개인 임차인과 주택 구매자는 다시 한번 수요를 창출하기 시작할 것이다. 시장이 상승세를 타고 있는 동안 현재 시장 트렌드에 맞고 시장 가치 이상으로 판매되는 부동산을 개발하거나 재개발하는 데 주력하면 성과를 볼 수 있다.

> **확장기 징후**
>
> ☑ 빠른 매물 소화
> ☑ 일자리 증가
> ☑ 기존 부동산 리노베이션
> ☑ 임대료 인상 시작
> ☑ 은행 압류에 대한 높은 경쟁

> "
> 투자자 입장에서 과잉 공급 주기는 버텨야 할 시기다. 부동산 소유자는 종종 자신의 부동산이 비어 있거나 팔리지 않을 것이라는 두려움 때문에 재고를 청산하고자 하는데, 다른 접근 방식을 취해야 한다.
> "

❸ 과잉 공급

투자자와 개발자는 확장 단계에서 가능한 공급을 늘리기 위해 노력할 것이다. 필연적으로 공급이 수요를 초과하는 전환점이 오게 되는데, 이 전환점은 시장에 재고 물량이 늘어나거나 수요가 후퇴하는 갑작스러운 상황으로 나타난다. 투자자 입장에서 과잉 공급 주기는 버텨야 할 시기다. 부동산 소유자는 종종 자신의 부동산이 비어 있거나 팔리지 않을 것이라는 두려움 때문에 재고를 청산하고자 하는데, 다른 접근 방식을 취해야 한다.

다음 부동산 회복 및 확장 시기를 대비해 트렌드에 맞는 부동산을 물색하고, 매수 후 보유 전략을 펴는 것이 좋다. 유망한 부동산을 보유하고 있을수록 더욱 이득이 되는 시기다.

> **과잉 공급기 징후**
>
> ☑ 서서히 줄어드는 공급
> ☑ 부동산의 빠른 판매
> ☑ 낮은 실업률
> ☑ 부동산 가격 및 임대료 상승
> ☑ 가장 높은 수요

❹ 경기침체

경기침체 단계는 우리에게 너무 익숙한 단계다. 2000년대 금융위기와 지속적인 경기침체로 국가 전체가 수년 동안 휘청거린 경험이 있다. 경기침체기에는 공급이 수요를 크게 초과하고, 부동산 소유자는 높은 공실률로 고통받는다. 또 임대료 인상이 없을 뿐만 아니라 일부 집주인은 경기침체로 고통받는 세입자를 유치하기 위해 임대료를 인하해야 한다. 하지만 낙담할 필요는 없다. 경기침체기는 부동산을 대폭 할인된 가격으로 구입할 수 있는 절호의 기회이기도 하다.

대출 기관이 압류한 부동산이 증가할 것이기에 전망이 좋은 지역의 부동산을 매입한다면 다음 주기에서 큰 수익을 얻을 수도 있다. 그렇게 보유한 부동산을 경제가 회복하는 시기에 시장에 바로 내놓을 수 있도록 준비하는 것이 좋다.

경기침체기 징후

☑ 건축 및 자재에 대한 수요 증가
☑ 일자리 증가 둔화
☑ 임대료 상승 둔화

✦ 부동산시장 사이클의 평균 주기와 영향을 미치는 요인

1876년 전문가들은 부동산시장 사이클이 18년마다 반복된다는 것을 알아냈다. 하지만 1925년 정부 규제와 기타 요인으로 인해 부동산시장의 정상적 주기가 바뀌었다. 여러 외부 요인으로 주기를 예측하기가 훨씬 어렵게 되었는데, 전반적으로 부동산시장 평균 주기는 10~18년이다.

경제 상황과 맞닿아 있는 사이클

주기에 영향을 미치는 외부적 요인으로는 경제 건전성, 금리, 인구통계, 정부 정책 및 경제 상황 등 다양한 요인이 있다. 특히 전반적인 경제 상황은 부동산시장 사이클에 상당한 영향을 미친다. 예를 들어 경제 호황기에는 더 많은 사람이 부동산 구매에 관심을 두지만, 경제가 침체하면 부동산시장에 대한 관심이 그만큼 멀어지게 된다.

CLOSING — SPECIAL INDEX

미국 부동산 투자 파악에 좋은 경제지표

1. 국내총생산 (Gross Domestic Product, GDP)
국내에서 일정 기간 내에 발생한 재화와 용역의 순가치를 생산 면에서 포착한 총합계액

경제활동의 가장 광범위한 측정 데이터로 미국 내에서 이뤄진 개인과 기업 그리고 정부 기관이 일정 기간 동안 생산 활동에 참가해 만들어낸 상품과 서비스의 부가가치를 시장가격으로 평가한 것이다. GDP는 네 가지 구성요소인 개인 소비(Consumption), 기업 투자(Investment), 정부 구매(Government Purchase), 순수출(Net Export)로 이뤄진다. 개인 소비는 GDP의 3분의 2를 넘는 큰 비중을 차지한다. GDP는 매 분기 3개월 동안 세 번에 걸쳐 수치가 계속 개정돼 발표되고, GDP 자체가 시장에 큰 영향을 준다기보다는 GDP 중에서도 물가지수, 개인 소비, 기업과 개인의 투자 같은 항목이 현재 경제의 흐름을 반영하고 있다는 점에서 시장의 관심을 받게 된다. GDP 수치 자체보다는 전문가들의 예상치를 얼마나 빗나가는가에 따라 시장의 반응이 다르게 나타난다.

▶ 시장에 미치는 영향
- 예상치 상회 시 → 달러 가치 상승 예상
- 예상치 하회 시 → 달러 가치 하락 예상

2. 기존 주택 판매량 (Existing Home Sales)
매월 판매 계약이 성사된 기존 주택 판매 건수에 대한 통계 지표

기존 주택 구입자들은 주택 구입과 더불어 가전제품과 같은 소비재를 구매하기에 산업 전체에 순방향으로 파급효과를 미치게 된다. 금리가 변동될 경우 기존 주택 판매량은 민감하게 반응하는데, 금리가 상승하면 신규로 주택을 구입하는 사람은 모기지에 대한 이자 부담 등으로 주택 구입 자체를 포기할 수밖에 없기 때문이다. 또 기존 주택 판매량은 금리에 따른 월별 등락률이 큰 지표 중 하나다. 다만 혹서나 혹한과 같은 계절적 특성으로 인한 영향 역시 많이 받기 때문에 기존 주택 판매량은 시장에서 신뢰할 만한 지표로는 인정받지 못하는 경향이 있다.

▶ 시장에 미치는 영향
- 예상치 상회 시 → 달러 가치 상승 예상
- 예상치 하회 시 → 달러 가치 하락 예상

3. 내구재 수주 (Durable Goods Orders)
미국 내 내구재 수주 규모

내구재란 한 번 쓰고 버리는 물품이 아니라 자동차, 가전제품, 기계제품처럼 3년 이상 쓸 수 있는 내구성 제품을 말한다. 약 5,000개의 제조업체를 표본으로 주문량을 추정해 작성한다. 민간 항공기나 국방 부문의 발주량은 수치가 크기 때문에 이를 제외한 소비자 내구재 수주가 시장에 크게 영향을 미친다. 제조업의 원활한 정도를 알아볼 수 있고, 출하량의 변화를 보면 경기 전환점을 파악할 수 있어 선행지표 역할을 한다. 변동성이 크기 때문에 지표 산출을 위해서는 3개월 이동평균선과 전년동월비를 주로 사용한다.

▶ 시장에 미치는 영향
- 예상치 상회 시→달러 가치 상승 예상
- 예상치 하회 시→달러 가치 하락 예상

4. 무역수지 (Trade Balance)
국제 수출입 거래에 의해 발생한 대금 수불액

국제 무역수지는 상품과 서비스의 수출입에서 발생하는 전체적인 무역수지의 흐름과 추세를 파악하기 위해 사용되는 지표로, 만성 적자국인 미국으로서는 무역수지 적자 폭을 줄일 수 있는 수출이 매우 중요하다. 무역수지 적자는 미국 산업의 해외 경쟁력 측면에서 볼 때 마이너스 요소이고, 달러화 가치가 하락할 위험에 처하게 만든다. 또 무역수지 적자는 GDP 예측에 중요한 역할을 담당한다.

▶ 시장에 미치는 영향
- 예상치 상회 시→달러 가치 상승 예상
- 예상치 하회 시→달러 가치 하락 예상

5. 미국 FRB 의장 연설 (Jerome Powell)
미국 연방준비은행 (Federal Reserve Bank) 의장 연설

미국은 전 세계 금융시장의 주도권을 가지고 있기 때문에 FRB 의장의 말 한마디는 엄청난 파급효과를 가져올 수 있다. 의장이 공식 석상에서 하는 발언에는 미국의 경제 이슈와 향후 정책 방향이 언급되기 때문이다.

▶ 시장에 미치는 영향
- 내용에 따라 다름

6 미시간 대학교 소비자신뢰지수
(The Michigan Index)
미시간 대학교에서 발표하는 소비자신뢰지수

콘퍼런스보드(Conference Board)가 발표하는 소비자신뢰지수와 같은 경기선행지수로, 현재 경기에 대한 평가와 향후 경기에 대한 전망을 담고 있다.

▶ 시장에 미치는 영향
- 예상치 상회 시→달러 가치 상승 예상
- 예상치 하회 시→달러 가치 하락 예상

- 실업률

노동할 의사와 능력을 가진 인구 가운데 실업자가 차지하는 비율로, 낮은 실업률은 경기가 활성화돼 있고 이는 보다 많은 소득분배로 소비를 이끌어내며 경기가 활성화된다. 낮은 실업률은 경제성장을 이끌지만, 이로 인해 높은 인플레이션이 발생할 수도 있다. 실업률은 경기침체 시 증가하게 된다. 경기가 부진하면 수익이 부진한 기업이 많은 해고로 종업원을 줄이기 때문이다.

▶ 시장에 미치는 영향
- 비농업고용지수(Non-Farm Payrolls)
  - 예상, 과거 수치 상회 시
    →달러 가치 상승 예상
  - 예상, 과거 수치 하회 시
    →달러 가치 하락 예상
- 실업률
  - 예상치 상회 시→달러 가치 하락 예상
  - 예상치 하회 시→달러 가치 상승 예상

7 비농업 신규 고용과 실업률
(Non-Farm Payrolls & Unemployment Rate)
농업 부문을 제외한 미국 고용 변화량

미국의 실업률
- 비농업고용지수(Non-Farm Payrolls)

미국 노동부가 200명 이상 노동자를 고용하는 약 25만 개의 비농업회사를 대상으로 임금장부 조사 결과를 발표한다. 미국의 유연한 고용시장으로 인해 경기 상황에 따라 고용 지표는 큰 움직임을 보이고 시장에 큰 변동성을 준다. 지수 발표 시 시장의 움직임이 가장 큰 지표이므로 각별한 주의가 필요하다. 고용이 많으면 개인이 받은 임금이 다시 소비를 일으키고 경제를 활성화시키게 된다.

생산자물가지수
(Producer Price Index)
생산자가 시장에 공급하는 상품 및 서비스의 가격 변동치

생산자물가지수를 눈여겨 봐야 하는 이유는 제품 원가 상승이 곧 물가 상승으로 이어지기 때문이다. 완성된 제품의 공장도 가격이 상승하면 제품 판매 가격 인상으로 이어지고, 이에 따른 물가상승이 금리인상으로 바로 이어지는 경우가 많다. 금리인상은 소비 위축의 원인이 되기 때문에 생산자물가지수는 관심을 두어야 할 지표다.

▶ 시장에 미치는 영향
- 예상치 상회 시→달러 가치 하락 예상
- 예상치 하회 시→달러 가치 상승 예상

소매판매 (Retail Sales) 9
서비스를 제외한 개인 소비지출의 합계

소매판매는 소비자들의 소비 패턴을 빠르게 파악할 수 있는 지수로, 내구재와 비내구재를 포함한 소매업 판매량의 월별 변화율을 측정한 것이다. 개인 소비지출은 미국 GDP의 3분의 2를 차지할 정도로 비중이 크기 때문에 미국 경제 상황을 알 수 있는 실질적 지표다. 그렇기에 소매판매량이 지난달에 비해 증가했는지 여부에 따라 달러 역시 민감하게 반응한다. 소매판매 지수가 전문가들의 예상치를 상회할 경우 달러가 강세를 보이고, 반대의 경우 약세를 보이게 된다.

▶ 시장에 미치는 영향
- 예상치 상회 시→달러 가치 상승 예상
- 예상치 하회 시→달러 가치 하락 예상

소비자물가지수 10
(Consumer Price Index, CPI)
미국 내 소비자에게 판매되는 물가 변동치

인플레이션을 측정하기 위한 가장 대표적 지표인 CPI는 소비자들이 구입한 특정 상품 및 서비스 바구니의 평균 물가 수준을 측정한 것으로, 물가상승률(인플레이션)을 측정하기 위한 척도로 가장 광범위하게 쓰인다. CPI의 월간 변화는 인플레이션 증감률을 대표한다. 분기별로 발표되기 때문에 매월 발표되는 인플레이션 예상치가 CPI 지표 추정에 도움이 된다. 정부에서는 CPI를 이용해 사회보장 프로그램에, 민간기업에서는 급여 인상의 기초 자료로 사용하기도 한다. 일반적으로 인플레이션은 상품 및 서비스 가격의 상승을 의미하고, 금리는 물가상승률과 물가상승 기대치에 따라 결정되기 때문에 물가 오를 경우 금리 역시 오른다고 보는 것이 타당하다. CPI는 현재까지 핵심적인 물가 지표로 자리매김하고 있다.

▶ 시장에 미치는 영향
- 예상치 상회 시→달러 가치 하락 예상
- 예상치 하회 시→달러 가치 상승 예상

수치 증가 시 인플레이션을 조정하기 위한 금리 인상이 예상될 수 있기 때문에 장기적인 달러화 가치 상승이 예고된다.

소비자신뢰지수
(Consumer Confidence Index) 11
미국의 경제 상태를 나타내는 경기선행지수

미국의 민간 조사 그룹 콘퍼런스보드가 매월 마지막 화요일 오전 10시에 발표하는 지수로, 미국의 경제 상태를 나타내는 경기선행지수의 하나다. 미국의 통화정책을 결정할 때 통화 당국자들이 가장 관심을 두는 경제지표 가운데 하나로, 현재의 지역 경제 상황과 고용 상태, 6개월 후의 지역 경제, 고용 및 가계 수입에 대한 전망 등을 조사해 발표한다. 지수는 1985년 평균치를 100으로 기준해 비율로 표시된다. 소비자신뢰지수가 상승하면 발표 당일 환율이 상승하고 주식시장에서는 다우존스평균주가와 나스닥지수가 모두 상승해 긍정적 영향을 미쳐 경기둔화에 대한 우려가 작아지는 반면, 하락하면 반대 현상을 보이는 것이 일반적이다. 한국의 통계청에서 현재와 비교해 6개월 후의 경기·생활 형편·소비지출·내구소비재·외식·오락·문화 등에 대한 소비자들의 기대심리를 조사해 발표하는 소비자기대지수와 유사하다.

▶ **시장에 미치는 영향**
- 예상치 상회 시 → 달러 가치 상승 예상
- 예상치 하회 시 → 달러 가치 하락 예상

시카고 제조업지수
(Chicago PMI) 12
시카고 지역의 제조업체 및 비제조업체의 업황에 대한 의견을 지표화한 지수

시카고 제조업지수는 구매 관리자 협회에서 시카고 지역의 제조업체 및 비제조업체를 대상으로 설문조사를 실시해 업황에 대한 확산지수를 조사한 것으로, 지역 기업체들의 업황에 대한 포괄적 분석을 제공한다. 시카고 제조업지수가 관심을 받는 이유는 시카고 지역이 미국 내 제조업체들이 운집해 있는 도시이기 때문에 시카고 제조업지수를 통해 ISM지수 예측이 가능하기 때문이다. 실제로 시카고 제조업지수와 ISM제조업의 상관관계는 91%나 되며, 조사 항목 또한 ISM제조업지수와 비슷하기에 항목 분석만으로도 원자재 가격이나 인플레이션에 대한 예측이 가능한 유용한 지표다.

▶ **시장에 미치는 영향**
- 50 이상 → 제조업 확장 예상으로 달러 가치 상승 예상
- 50 이하 → 제조업 수축 예상으로 달러 가치 하락 예상

13 신규 주택 건축 및 빌딩 건설 허가
(Housing Starts and Building Permits)
신규 주택 건축 및 건설 허가

미국의 주택경기를 나타내는 지표다. 최근 연준의 급격한 금리인상으로 인해 신규 주택 건축 및 건설 허가 수치는 지속해서 감소하며 부동산 경기침체를 나타내고 있다. 주택 건설 시장은 현재 미국의 경제 상황을 이끌고 있기 때문에 중요하게 지켜봐야 할 지표라고 할 수 있다.

▶ 시장에 미치는 영향
- 예상치 상회 시→달러 가치 상승 예상
- 예상치 하회 시→달러 가치 하락 예상

14 신규 주택 판매량
(New Home Sales)
매월 신규로 건축돼 이미 팔렸거나 팔려고 내놓은 단독주택의 판매 동향

신규 주택 판매는 주택 구입자가 은행에서 모기지 융자를 받아 구입하는 경우가 대부분이므로 기존 주택 판매 건수보다 금리 변동에 상당히 민감하게 반응하기에 월별 등락률이 크다. 또 신규 주택시장은 갑작스러운 기후변화나 혹한으로 급격하게 냉각될 수 있기에 시장에서는 단발성 지표로 인식된다.

▶ 시장에 미치는 영향
- 예상치 상회 시→달러 가치 상승 예상
- 예상치 하회 시→달러 가치 하락 예상

15 이자율(FOMC Rate Decision)
미국 FOMC에서 발표하는 기준금리

미국은 금융위기가 발생하면 금리를 계속해서 낮추기 때문에 전 세계 투자자들은 미국의 금리 변동에 주목하고 있다.

▶ 시장에 미치는 영향
- 예상치 상회 시→달러화 가치 상승 예상
- 예상치 하회 시→달러화 가치 하락 예상

16 ISM제조업지수
(ISM Manufacturing Index)
미국의 구매 관리자들이 판단하는 경기동향지수

ISM지수라고도 한다. ISM지수는 50개 주 전체에서 20개 업종과 400개 이상 기업을 대상으로 조사하며, 미국 제조업은 전체 경기를 주도하는 산업이기에 ISM지수를 통해 현재 산업 경기 및 업황 파악이 용이하다. ISM지수 상승 소식은 미국 경기회복의 신호탄이 될 것이라는 기대감으로 달러가 강세를 보인다. 일반적으로 ISM지수가 40 이하이면 경기침체로, 60 이상이면 경기과열로 판단한다. ISM지수는 경기선행지수의 성격을 갖고 있기에 아직 발표되지 않은 다른 경제지표의 결과를 사전 예측할 수 있다.

▶ 시장에 미치는 영향
- 예상치 상회 시→달러 가치 상승 예상
- 예상치 하회 시→달러 가치 하락 예상

주변 학군부터 절세법까지 한 권에!

돈 버는
미국 부동산
투자

펴낸 날	초판 1쇄 발행 2024년 3월 14일
발행인	김정호
편집인	하영춘
펴낸 곳	한국경제신문

글	최여경·한아름·김경호·이지영
제작 총괄	이선정
편집	강은영·김은란
디자인	엄정윤
판매·유통	정갑철·선상헌·조종현
인쇄	제이엠프린팅

등록	제2006-000008호
주소	서울시 중구 청파로 463 한국경제신문
구입 문의	02-360-4859
홈페이지	www.hankyung.com

값 20,000원
ISBN | 978-89-475-0071-5(93320)

- 잘못 인쇄된 책은 구입하신 곳에서 교환해드립니다.
- 이 책은 저작권법에 따라 보호받는 저작물이므로 무단 전재와 복제를 금합니다.